国 务 院 研 究 室 调 研 成 果 选

黄守宏 / 主编

中国经济社会发展
形势与对策（2020）

确保实现脱贫攻坚目标

促进农业丰收农民增收

中国言实出版社

图书在版编目（CIP）数据

中国经济社会发展形势与对策 . 2020. 确保实现脱贫攻坚目标，促进农业丰收农民增收 / 黄守宏主编 . —— 北京 : 中国言实出版社 , 2020.8

ISBN 978-7-5171-3547-0

Ⅰ . ①中… Ⅱ . ①黄… Ⅲ . ①中国经济 — 经济发展 — 调查研究 —2020 ②社会发展 — 调查研究 — 中国 — 2020 Ⅳ . ① F124 ② D668

中国版本图书馆 CIP 数据核字（2020）第 159255 号

出 版 人	王昕朋	
责任编辑	罗　慧	
责任校对	崔文婷	

出版发行　**中国言实出版社**

地　　址：北京市朝阳区北苑路 180 号加利大厦 5 号楼 105 室
邮　　编：100101
编辑部：北京市海淀区花园路 6 号院 B 座 6 层
邮　　编：100088
电　　话：64924853（总编室）　64924716（发行部）
网　　址：www.zgyscbs.cn
E-mail：zgyscbs@263.net

经　　销	新华书店	
印　　刷	北京温林源印刷有限公司	
版　　次	2021 年 1 月第 1 版　　2021 年 1 月第 1 次印刷	
规　　格	710 毫米 ×1000 毫米　1 / 16　9.75 印张	
字　　数	120 千字	
定　　价	42.00 元　　ISBN 978-7-5171-3547-0	

本书编委会

主　任：黄守宏

副主任：石　刚　郭　玮　陈祖新

　　　　孙国君　肖炎舜

编　委：（以下按姓氏笔画排序）

　　　　王昕朋　牛发亮　朱艳华

　　　　乔尚奎　刘日红　宋　立

　　　　张军立　张顺喜　陈爱清

　　　　苑衍刚　侯万军　姜秀谦

CONTENTS | 目录

紧扣全面建成小康社会目标任务
做好"六稳"工作 落实"六保"任务

——2020年《政府工作报告》解读

（代序）

黄守宏

刚刚闭幕的十三届全国人大三次会议，审议通过了李克强总理所作的《政府工作报告》（以下简称《报告》）。《报告》坚持以习近平新时代中国特色社会主义思想为指导，深入贯彻党的十九大和十九届二中、三中、四中全会以及中央经济工作会议精神，按照以习近平同志为核心的党中央关于统筹推进新冠肺炎疫情防控和经济社会发展工作的重大决策部署，总结了过去一年和今年以来的政府工作，阐述了今年推动经济社会发展的总体要求、主要预期目标、宏观政策取向，对下一阶段重点工作作出了部署，是做好政府工作的纲领性文件。

1

一、来之不易、成之惟艰的经济社会发展和疫情防控成就

过去一年和今年前几个月，对我国来说是极不寻常、充满严峻考验的一个时期。2019 年我国发展面对的是世界经济增速降至国际金融危机 10 年来最低、国际经贸摩擦加剧的外部环境，面对的是国内诸多矛盾交织叠加、经济下行压力加大的复杂局面。这场突如其来的新冠肺炎疫情，是第二次世界大战以来全球面临的最严重的公共卫生和经济社会发展危机，也是新中国成立以来我国遭遇的传播速度最快、感染范围最广、防控难度最大的重大突发公共卫生事件，对经济社会发展带来极大冲击。

沧海横流，方显英雄本色。面对巨大困难挑战，以习近平同志为核心的党中央团结带领全国各族人民万众一心，顽强拼搏、攻坚克难。完成 2019 年全年主要目标任务，为全面建成小康社会打下决定性基础。武汉保卫战、湖北保卫战取得决定性成果，疫情防控阻击战取得重大战略成果，统筹推进疫情防控和经济社会发展工作取得积极成效。

2019 年经济社会发展成就主要有以下几个方面。**一是经济运行总体平稳。**国内生产总值 99.1 万亿元，按照年平均汇率折算为 14.4 万亿美元，占世界经济比重达

到 16% 左右。国内生产总值比上年增长 6.1%，继续在世界主要经济体中名列前茅，对世界经济增长贡献率达 30% 左右。人均国内生产总值突破 1 万美元。根据世界银行数据，2018 年全球人均国内生产总值在 1 万美元以上的国家，人口总规模约 15 亿。随着总人口达 14 亿的中国步入这一行列，全球人均国内生产总值在 1 万美元以上的国家人口规模接近 30 亿，占全球人口的 38%。就业形势保持稳定，城镇新增就业 1352 万人，调查失业率在 5.3% 以下。居民消费价格上涨 2.9%，处在合理区间。国际收支基本平衡，外汇储备保持在 3 万亿美元以上。**二是经济结构和区域布局继续优化。**社会消费品零售总额超过 40 万亿元，最终消费支出对经济增长的贡献率达到 57.8%。先进制造业、现代服务业较快增长。粮食产量 1.33 万亿斤。常住人口城镇化率首次突破 60%。重大区域战略深入实施，区域协同发展格局进一步优化。**三是发展新动能不断增强。**科技创新取得一批重大成果。我国在全球创新指数排名第 14 位，比上年上升 3 位。新兴产业持续壮大，传统产业加快升级。大众创业万众创新深入开展，全年新登记市场主体 2377 万户，年末市场主体总数达 1.2 亿户，企业数量日均净增 1 万户以上。**四是改革开放迈出重要步伐。**供给侧结构性改革继续深化，重要领域和关键环节改革力度加大。全年减税降费 2.36 万亿元，超过原定的近 2 万亿元规模，制造业、民营和小微企业是主要受益者。政府机构改革任务完成。简政放权、放管结合、优化服务改革纵深推进，市场准入负面清单继续缩减，取消和下放一批行政审批事项。世界银行《2020 年全球营商环境报告》显示，我国营商环境排名跃升至第 31 位，比上年上升 15 位。深化国资国企改革。落实支持民营经济发展政策。财税、金融、农村、社会事业、生态环保等领域改革有序推进。推动全方位对外开放。共建"一带一路"取得新成效。出台外商投资法及其实施条例。增设 6 个自贸试验区和上海自贸试验区临港新片区，新设 24 个跨境电商综合试验区。缩减外资准入负面清单。进出口规模基本稳定、结构继续优化，实际使用外资保持增长、质量进一步提高。**五是三大攻坚战取得关键进展**。脱贫攻坚取得决定性成就，农村贫困人口减少 1109 万人，贫困发生率降至 0.6%。污染防治持续推进，主要污染物排放量继续下降。重点领域风险得到有效防控，金融运行总体平稳。**六是民生进一步改善**。全国居民人均可支配收入超过 3 万元，城乡居民收入差距继续缩小。退休人员基本养老金、居民医保、城乡低保、专项救助、抚恤补助等标准继续提高。药品集中采购和使用试点扩展到全国，高血压和糖尿病门诊用药纳入医保报销、惠及 3 亿多患者。城镇保障房建设和农村危房改造深入推进。义务教育阶段学生生活补助人数增加近 40%，高职院校扩招 100 万人。改革发展成果更多更公平惠及人民群众。

新冠肺炎疫情发生后，党中央将疫情防控作为头等大事来抓，习近平总书记亲自指挥、亲自部署，坚持把人民生命安全和身体健康放在第一位，领导全党全军全国各族人民打好疫情防控的人民战争、总体战、阻击战。党中央统筹全局，及时制定疫情防控战略策略，提出坚定信心、同舟共济、科学防治、精准施策的总要求，果断采取一系列重大防控和救治举措。我们在没有经验可以借鉴的情况下，用一个多月的时间初步遏制了疫情蔓延势头，用两个月左右的时间将本土新增病例控制在个位数以内，用 3 个月左右的时间取得了武汉保卫战、湖北保卫战的决定性成果，充分展现了中国力量、中国精神、中国效率。我们本着公开、透明、负责任态度，第一时间向世卫组织和各国通报疫情，毫不保留地分享防疫技术和经验，积极开展疫情防控国际合作，尽己所能向有关国家和国际组织提供帮助，彰显了一个负责任大国的担当。

对我们这样一个拥有 14 亿人口的发展中国家来说，能在较短时间内有效控制疫情，保障了人民基本生活，十分不易、成之惟艰。这次疫情防控斗争实践充分表明，以习近平同志为核心的党中央具有驾驭复杂局面的高超能力，具有应对困难和挑战的坚定决心，在分析判断形势、推动工作方面具有远见卓识。这次疫情防控斗争实践再次证明，中国共产党领导和我国社会主义制度、我国国家治理体系具有强大生命力和显著优越性，能够战胜任何艰难险阻，能够为人类文明进步作出重大贡献。

我们在防控疫情前提下统筹推进经济社会发展。不失时机推进复工复产，着力帮助企业解决防疫物资、用工、上下游配套等问题，推出实施阶段性援企稳岗、减免部分税费、免收所有收费公路通行费、加强金融支持、将价格临时补贴标准提高1倍、上调退休人员基本养老金等8个方面90项重大政策。这些政策使广大人民群众从中受益，及时有效促进了保供稳价和复工复产，我国经济表现出坚强韧性和巨大潜能。

二、实事求是、积极稳妥的总体部署

今年是我国发展史上具有里程碑意义的一年。做好政府工作，要在以习近平同志为核心的党中央坚强领导下，以习近平新时代中国特色社会主义思想为指导，全面贯彻党的十九大和十九届二中、三中、四中全会精神，坚决贯彻党的基本理论、基本路线、基本方略，增强"四个意识"、坚定"四个自信"、做到"两个维护"，紧扣全面建成小康社会目标任务，统筹推进疫情防控和经济社会发展工作，在疫情防控常态化前提下，坚持稳中求进工作总基调，坚持新发展理念，坚持以供给侧结构性改革为主线，坚持以改革开放为动力推动高质量发展，坚决打好三大攻坚战，加大"六稳"工作力度，保居民就业、保基本民生、保市场主体、保粮食能源安全、保产业链供应链稳定、保基层运转，坚定实施扩大内需战略，维护经济发展和社会稳定大局，确保完成决战决胜脱贫攻坚目标任务，全面建成小康社会。

当前和今后一个时期，我国发展面临的挑战前所未有，必须增强忧患意识和底线思维。越是面对困难，越要用全面、辩证、长远的眼光看待我国发展，越要坚定信心。这次疫情虽然对我国经济社会发展带来严重冲击和影响，但这些冲击和影响是阶段性的、总体可控的，我国发展的基本支撑、内在动因没有改变。我国发展仍处于重要战略机遇期，有独特的政治和制度优势，有改革开放以来积累的雄厚物质技术基础，有世界上门类最为齐全的产业体系，有超大规模的市场优势和内需潜力，有庞大的人力资本和人才资源，有充足的政策空间和应对工具，新的增长点增长极加快成长。特别是我们有以习近平同志为核心的党中央的坚强领导，有习近平新时代中国特色社会主义思想的科学指导，完全有条件、有能力、有信心战胜各种风险挑战，保持经济长期向好的基本面。

明者因时而变，知者随事而制。面对新情况新问题新挑战，党中央、国务院本着尊重经济规律和实事求是的原则，深入贯彻新发展理念，综合研判形势，根据需要与可能，对疫情前考虑的发展预期目标作了适当调整，对各项政策作了相应安排。

《报告》提出了今年经济社会发展的主要目标任务。今年要优先稳就业保民生，坚决打赢脱贫攻坚战，努力实现全面建成小康社会目标任务；城镇新增就业 900 万人以上，城镇调查失业率 6% 左右，城镇登记失业率 5.5% 左右；居民消费价格涨幅 3.5% 左右；进出口促稳提质，国际收支基本平衡；居民收入增长与经济增长基本同步；现行标准下农村贫困人口全部脱贫、贫困县全部摘帽；重大金融风险有效防控；单位国内生产总值能耗和主要污染物排放量继续下降，努力完成"十三五"规划目标任务。

《报告》没有提出全年经济增速具体目标，对此各方面高度关注。这是经过反复考虑决定的。在正常的发展环境条件和经济结构不断优化等情况下，经济增速可以较为全面反映经济运行的总体状况、发展态势和最终成果，较好代表就业、民生等改善情况，同时经济增速作为基础性、综合性指标，是制定其他发展目标、确定宏观政策的参照基点。确定一个合理的、符合实际情况的经济增速预期目标，对做好各方面工作具有很强的导向作用。长期以来，除个别年份外，《报告》均提出当年国内生产总值增长速度预期目标。鉴于今年的情况极为特殊，《报告》没有提出全年经济增速具体目标，出于多方面的考量，对此要全面理解和把握。

第一，我国发展面临诸多不确定不稳定因素，缺乏制定较为准确的全年经济增速具体目标的客观基础和条件。从外部环境看，全球疫情仍在扩散蔓延，什么时候结束难以预计，受其影响，世界经济衰退程度、国际产业链供应链恢复进度、全球贸易与投资增长状况等都存在变数。我国经济深度融入世界经济，外部环境的高度不确定性对我国发展必然带来严重影响。从国内看，经济发展面临一些难以预料的影响因素。今后一个阶段境外疫情输入、境内疫情反弹风险持续存在，对经济发展来说始终是一把"达摩克里斯之剑"，同时前期被疫情打乱的产业循环、市场循环、经济社会循环的完全修复和顺畅尚需努力，特别是在常态化疫情防控背景下经济增长的内在机理、特点等异于平常，扰动因素也大为增加，作为反映经济运行状况和态势的经济增速指标的作用和意义大打折扣甚至会与实际情况相背离。在这种情况下，不提出全年经济增速具体目标，体现了实事求是精神，是遵循经济规律的科学选择。如果勉强制定一个经济增速目标，也难以起到应有的导向作用，甚至可能带来负面效应。

第二，在我国遭遇历史罕见的疫情冲击背景下，《报告》强调优先稳就业保民生、坚决打赢脱贫攻坚战，有利于引导各方面集中精力抓好"六稳""六保"，以更好体现保障和改善民生这个发展的根本目的。在正常情况下，经济增长速度与就业增加、民生改善等之间具有直接的关联效应。比如，近几年国内生产总值每增长 1 个百分点，带动约 200 万人就业。2018 年以来，针对复杂严峻的外部环境和较大的国内经济下行压力，党中央、国务院提出要稳就业、稳金融、稳外贸、稳外资、稳投资、稳预期。我们通过加强"六稳"工作，稳住了经济增长，促进了就业增加和民生改善。今年以来，为对冲疫情对就业民生的影响，我们在统筹疫情防控和经济社会发展中实施一系列保就业、保民生政策，虽然一季度国内生产总值同比下降 6.8%，但城镇新增就业 229 万人，居民人均可支配收入比上年同期名义增长 0.8%，扣除价格因素，实际下降 3.9%、低于经济降幅。这说明，在特殊情况下，通过直接有力的举措来保就业保民生是可行的、有效的。《报告》没有提出全年经济增速具体目标，而是强调"要优先稳就业保民生，坚决打赢脱贫攻坚战，努力实现全面建成小康社会目标任务"，主要是为了引导和调动各方面资源直接用于支持保就业保民生和脱贫攻坚。这是非常时期采取的直抓根本、直接惠民利企的非常之策。如果不是这样做，而是继续按常规确定全年经济增速具体目标的话，那经济政策就要基于实现这个目标来制定，宏观调控就要围绕实现这个目标来进行，各方面的注意力也会聚焦这个目标。在当前经济增速下滑情况下，各地区各部门的精力就会集中在保速度上，社会上也会因速度高一点低一点而纠结，不利于保就业保民生。所以不提经济增速具体目标，有利于引导各方面理性平和地看待速度，有利于各地区从速度焦虑、数字包袱中解脱出来，专注于做好"六稳"工作、落实"六保"任务。如果"六稳""六保"做到了，自然会带来一定的经济增长。

　　第三，我们已经奠定了全面建成小康社会的决定性基础，落实好《报告》提出的部署安排和政策措施，全面建成小康社会目标就一定能如期实现。改革开放之后，我们党对我国社会主义现代化建设作出战略安排，提出"三步走"战略目标。解决人民温饱问题、人民生活总体上达到小康水平这两个目标已提前实现。党的十八大在十六大、十七大确立的全面建设小康社会目标基础上，提出了新的要求。党的十九大再次强调，到建党一百年时建成经济更加发展、民主更加健全、科教更加进步、文化更加繁荣、社会更加和谐、人民生活更加殷实的小康社会。这说明，随着中国特色社会主义事业不断向前推进，人民生活水平不断提高，全面建成小康社会的内涵越来越丰富。习近平总书记指出："全面建成小康社会，强调的不仅是'小康'，而且更重要的也是更难做到的是'全面'。"全面建成小康社会是一场重大而深刻的社会变迁，是社会的全面发展、全面进步，涉及经济、政治、文化、社会、生态等诸多方面。反映或衡量全面建成小康社会的是一个完整、系统、综合性的目标体系，"十三五"规划中包括了全面建成小康社会目标的主要内容，其中有25项主要指标。经过持续努力，预计到年底，这些主要指标绝大部分可以超额完成或全面完成。其中关于实现国内生产总值和城乡居民人均收入比2010年翻一番目标，通过这些年的持续发展，目前已接近达到目标。小康不小康，关键看老乡。2019年年底农村贫困人口剩余551万人，过去这几年每年脱贫都是1000万人以上，今年虽然疫情增加了脱贫难度，但我们有把握完成脱贫攻坚任务。这是实现全面建成小康社会目标的标志。

第四，稳定经济运行事关全局，必须全力以赴稳住经济基本盘，守住"六保"底线，把疫情造成的损失降到最低程度。《报告》没有提出今年经济增速具体目标，决不意味着经济增长不重要。只有保持适度的经济增长，才能稳住就业、保住基本民生、实现脱贫目标，也才能有效防范各类风险隐患集中暴发。在当前经济增速下滑的情况下，决不能"脚踩西瓜皮、滑到哪里算哪里"。怎么样才能稳住增长？《报告》指出，要用改革开放办法，稳就业、保民生、促消费，拉动市场、稳定增长，走出一条有效应对冲击、实现良性循环的新路子。

实现今年发展主要目标任务，必须坚持稳中求进工作总基调。宏观政策要在"更加"两个字上下功夫，以更大的力度、更有效的举措对冲疫情影响，同时要加强财政、货币、就业政策的相互协调配合，统筹产业、消费、投资、区域等政策，最大限度发挥政策效力。

《报告》指出，积极的财政政策要更加积极有为。这主要体现在三个方面。一是加大财政政策实施力度。从提高赤字率、发行抗疫特别国债、大幅增加地方政府专项债券发行规模、加大减税降费力度等方面综合施策，今年赤字率拟按3.6%以上安排、比2019年高出0.8个百分点以上，财政赤字安排3.76万亿元、比2019年增加1万亿元。发行1万亿元抗疫特别国债。二是创新财政政策实施机制。增加的1万亿元财政赤字和发行的1万亿元抗疫特别国债全部转给地方，建立特殊转移支付机制，资金直达市县基层、直接惠企利民，主要用于保就业、保基本民生、保市场主体，包括支持减税降费、减租降息、扩大消费和投资等，强化公共财政属性，决不允许截留挪用。地方政府专项债券要优化调整使用方式，增强对社会资本的撬动作用。三是大力优化财政支出结构。今年政府四大预算收入约32万亿元，提升绩效的空间和潜力很大，要优化资金配置。基本民生支

13

出只增不减，重点领域支出要切实保障，一般性支出要坚决压减。各类结余、沉淀资金要应收尽收、重新安排。各级政府要真正过紧日子。中央和省级政府带头压减支出。过去中央财政本级支出增速大部分年份在 7% 以上，今年下决心按负增长安排，其中非急需非刚性支出压减 50% 以上。中央对地方转移支付增长 12.8%。财政政策要从"质"与"量"两方面发力，更好发挥对稳定经济运行的关键作用。

《报告》指出，稳健的货币政策要更加灵活适度。受疫情影响，当前企业特别是中小微企业资金链稳定面临巨大压力，融资难融资贵问题加剧。《报告》指出，综合运用降准降息、再贷款等手段，引导广义货币供应量和社会融资规模增速明显高于 2019 年。2019 年末广义货币 M_2 余额同比增长 8.7%，社会融资规模存量同比增长 10.7%，均高于国内生产总值 7.8% 的名义增速。今年广义货币和社会融资规模增速要明显高于 2019 年，而国内生产总值名义增速大概率将低于 2019 年，这意味着今年将保持流动性合理充裕。关键是畅通货币政策传导渠道，提升货币政策实施效果。《报告》强调，今年要创新直达实体经济的货币政策工具，务必推动企业便利获得贷款，推动利率持续下行。要继续保持人民币汇率在合理均衡水平上基本稳定。

《报告》指出，就业优先政策要全面强化。就业是最大的民生。受疫情影响，今年就业压力空前。要综合施策，协同运用宏观政策、微观政策和社会政策，努力稳定现有就业，积极增加新的就业，促进失业人员再就业。财政、货币和投资等政策要聚力支持稳就业。稳就业是地方政府责任，各地要清理取消对就业的不合理限制，促就业举措要应出尽出，拓岗位办法要能用尽用。只要就业能稳住，收入增加和内需扩大就有了基础，就能实现经济良性循环和社会和谐稳定。

《报告》对坚决打好三大攻坚战提出了明确要求。脱贫是全面建成小康社会必须完成的硬任务，要坚持现行脱贫标准，增加扶贫投入，强化扶贫举措落实，确保剩余贫困人口全部脱贫，健全和执行好返贫人口监测帮扶机制，巩固脱贫成果。要打好蓝天、碧水、净土保卫战，实现污染防治攻坚战阶段性目标。加强金融等领域重大风险防控，坚决守住不发生系统性风险底线。

《报告》指出，出台的政策既保持力度又考虑可持续性，根据形势变化还可完善。这就是说，《报告》中提出的各项政策措施是基于当前形势和经济运行态势制定的，如果下一阶段形势发生重大变化、经济发展状况持续恶化、危及"六保"底线，我们还会出台新的政策。在这方面，我们是有政策手段的。比如，包括今年新出台的各项财政政策在内，我国政府负债率还不到50%，低于欧盟60%的警戒线，也低于主要市场经济国家和新兴市场国家水平，有进一步加大财政政策力度的空间。

概括起来讲，理解和把握《报告》提出的目标任务和宏观政策，要注重以下五个方面。

一是把握常态化疫情防控这个大前提。疫情防控情况是下一阶段影响我国发展的最大变数。我国疫情防控阻击战取得重大战略成果，但现在全球疫情仍在蔓延，输入风险始终存在，国内聚集性疫情时有发生。当前我国疫情已从前一段时间的应急性防控转向常态化防控，这种局面可能要维持相当长时间。习近平总书记反复强调，要时刻绷紧疫情防控这根弦。因为疫情一旦大规模反弹而控制不住的话，整个经济社会进程又会被打乱。疫情防控不能放松，同时经济社会发展又不能等，民生就业的问题也不能等，怎么办？党中央提出，要健全常态化疫情防控机制，一旦出现疫情要做到及时发现、快速处置、精准管控、有效救治，确保疫情不反弹。在此前提下，要加快推进全面复工复产、复市复业，畅通产业循环、市场循环、经济社会循环。《报告》提出的发展目标任务、政策举措和工作部署，都基于常态化疫情防控这个前提。

二是把握"六保"这个着力点。《报告》指出，"六保"是今年"六稳"工作的着力点，这旨在稳住经济基本盘、兜住民生底线。"六保"是针对新挑战提出的积极的、进取的而不是消极的任务。有的人讲"保"是被动的、防守的、消极的，实则不然。平常情况下，我们往前走、发展快一点，这是积极进取的。当遇到外部强烈冲击时，我们能站稳脚跟、不后退甚至少后退，待冲击过后再往前走，这本身也是积极的。面对前所未有的挑战，稳住经济基本盘、稳住市场主体，就是保护社会生产力、保住今后发展的根基。兜住民生底线，就奠定了经济发展和社会稳定的基础。今年的各项政策主要是围绕"六稳"特别是"六保"制定的，其中又聚焦保就业、保基本民生、保市场主体。

三是把握脱贫攻坚这个硬任务。脱贫是全面建成小康社会的标志性指标。党中央对脱贫攻坚高度重视，党的十八大以来，习近平总书记亲自挂帅、亲自出征、亲自督战脱贫攻坚。经过不懈努力，脱贫攻坚已取得决定性成就。这次疫情给脱贫攻坚带来了不利影响，也加大了返贫风险。为确保脱贫攻坚决战决胜，《报告》提出了针对性强、力度大的举措。今年脱贫目标一定能实现，这意味着我国提前 10 年实现联合国 2030 年可持续发展议程的减贫目标，是中国对全球减贫事业作出的巨大贡献。

四是把握扩大内需这个战略基点。我国有 14 亿人口，人均 GDP 突破 1 万美元，居民消费正在优化升级，拥有超大规模并极具发展潜力的消费市场。同时我国正处于新型工业化、信息化、新型城镇化、农业现代化深入发展阶段，有效投资需求潜力很大。这二者有机结合起来就形成了巨大的内需潜力，是我国经济发展的最大优势所在。只要把这个潜力和优势发挥出来，就能形成拉动经济增长的持久而强劲的动力。《报告》提出，要坚定实施扩大内需战略。这既是当前应对疫情冲击、促进经济回升向好的需要，是保持我国经济长期持续健康发展的需要，是满足人民日益增长的美好生活需要，还是应对外部环境不确定性、牢牢把握发展主动权的需要。我们要通过实施扩大内需战略，并与努力稳定和拓展外需相结合，构建国内国际双循环相互促进的新发展格局。

五是把握改革开放这个大逻辑。应对前所未有的挑战，实现发展目标任务，要靠什么？有些人担心，我们会不会走铺摊子、粗放增长的老路，会不会采取为维持短期增长而损害长期发展的做法？对此，《报告》明确回应，要用改革开放的办法。改革开放是过去40多年推动中国取得巨大成就的制胜法宝，可以说，这一法宝屡试不爽，现在同样也不例外。《报告》中提出的促进经济社会发展政策包括"六稳""六保"新举措，可以说念的是改革开放的"经"、用的是改革开放的"招"、走的是改革开放的路，以充分激发广大人民群众的积极性和创造性。

三、重点突出、精准有力的工作部署

今年已过去 5 个月，下一阶段要按照以习近平同志为核心的党中央决策部署，毫不放松常态化疫情防控，着力做好经济社会发展各项工作。对此，《报告》作出了部署安排。

（一）加大宏观政策实施力度，着力稳企业保就业。我国有上亿户市场主体，这是经济发展的活力源泉。特别是量大面广的中小微企业、个体工商户吸纳 90% 以上的城镇就业，关系亿万家庭生计，在这次疫情中受到冲击和影响最大。只有尽力帮助这些市场主体渡过难关、防止出现大规模倒闭，经济增长才有基础，就业才有支撑，人民生活才有保障。《报告》对此提出了有力的政策举措。

加大减税降费力度。《报告》按照强化阶段性政策与落实制度性安排相结合的思路，从三个方面提出了减税降费举措。一是继续执行 2019 年出台的下调增值税税率和企业养老保险费率政策。由于这两项大规模减税降费政策是分别于 2019 年 4 月份、5 月份开始实行的，今年全年实施，新增减税降费约 5000 亿元。二是延长前期出台的阶段性减税降费政策执行期限。今年以来，为对冲疫情影响，我们出台了一批 6 月前到期的阶段性减税降费政策。包括免征中小微企业养老、失业和工伤保险单位缴费，减免小规模纳税人增值税，免征公共交通运输、餐饮住宿、旅游娱乐、文化体育等服务增值税，减免民航发展基金、港口建设费，这些政策执行期限全部延长到今年年底。对受疫情影响较大的交通运输、餐饮、旅游等行业企业，亏损结转年限由 5 年延长至 8 年。中小微企业和个体工商户在市场主体中占大头，也是就业的最大容纳器，各项惠企纾困政策要倾斜支持、及时覆盖。今年小微企业、个体工商户所得税缴纳一律延缓到明年。延长支持疫情防控保供相关税费政策实施期限。三是围绕稳企业保就业新近推出一些减税降费政策。比如对电影等行业给予税费支持等。预计全年为企业新增减负超过 2.5 万亿元。

推动降低企业生产经营成本。《报告》从推动降低企业用能、用网、房租、物流等成本方面提出了具体措施。从国际比较看，我国居民和农业用电价格相对较低，但一般工商业特别是大工业用电价格偏高一些。这两年，我们已连续出台一般工商业平均电价降低 10% 的政策。今年我们又出台降电价政策，明确从 2 月 1 日至 6 月 30 日，将除高耗能行业外的大工业和一般工商业用户电价降低 5%。《报告》明确，这一政策将延长到今年年底。最近几年，我国持续推动网络提速降费，不仅使群众普遍受惠、企业广泛受益，也有力推动了数字经济迅速发展。今年要在近几年资费大幅度降低基础上，实现宽带和专线平均资费再降低 15%。疫情发生以来，一些行业领域企业、商户经营困难，但房屋租金等刚性支出压力凸显，甚至成了一些中小微企业和个体工商户不可承受之重。为此，《报告》提出减免国有房产租金，鼓励各类业主减免或缓收房租，并予以政策支持。同时，要求坚决整治涉企违规收费，防止各种乱收费死灰复燃。

强化对稳企业的金融支持。当前企业特别是中小微企业现金流极为紧张，维护资金链安全是稳企业最迫切的任务。为此，《报告》提出了几条重要举措。一是继续延长中小微企业贷款延期还本付息政策执行期限。在疫情发生后，有关部门出台了对符合条件、流动性暂时遇到困难的中小微企业、个体工商户贷款本金和利息给予临时性延期偿还安排政策，即对于 2020 年 1 月 25 日以来到期的中小微企业贷款本金及利息，最长可延长至 2020 年 6 月 30 日偿还，并免收罚息。鉴于当前中小微企业经营困难加剧情况，《报告》明确，中小微企业贷款延期还本付息政策再延长到明年 3 月底，其中对普惠型小微企业贷款应延尽延，对其他困难企业贷款由企业与银行协商延期。二是鼓励和支持金融机构对中小微企业增加信贷投放、扩大覆盖面。长期以来，中小微企业贷款难的一个重要原因是银企信息不对称，企业缺乏合格抵质押物。针对这一问题，《报告》提出要促进涉企信用信息共享，并要求银行利用金融科技和大数据降低服务成本，提高服务精准性，对小微企业大幅增加信用贷款、提高首次贷款比例。大型商业银行全年普惠型小微企业贷款增速要高于40%。过去银行往往要求企业先还本再续贷，考虑到企业经营困难、资金紧张情况，《报告》要求大幅增加对小微企业的无还本续贷，以防止随意抽贷、断贷、压贷，避免造成资金链断裂。针对目前政府性融资担保的规模和占比较低、费率较高等问题，《报告》提出要大幅提高政府性融资担保覆盖面并明显降低费率。在鼓励银行增加对企业贷款的同时，要支持企业扩大债券融资。三是完善激励约束机制。为鼓励银行敢贷、愿贷、能贷，《报告》要求完善考核激励机制。包括要完善银行绩效评价指标体系和金融机构内部考核机制，落实尽职免责条款，阶段性放宽银行资本、拨备和不良资产核销等要求，有效增加中小银行低成本资金来源。加强监管，防止资金"空转"套利、脱实向虚或"垒大户"。为保市场主体，《报告》强调，一定要让中小微企业贷款可获得性明显提高，一定要让综合融资成本明显下降。

千方百计稳定和扩大就业。疫情对部分行业特别是住宿餐饮、旅游娱乐、居民服务等行业带来重创，企业停工歇业现象增多、用人需求减少。《报告》要求，加强对重点行业、重点群体就业支持。高校毕业生占新成长劳动力的一半以上，是宝贵的人才资源，承载着家庭的希望，是做好就业工作的重中之重。今年高校应届毕业生比上年增加 40 万人、达到 874 万人，再创历史新高，留学人员回国就业人数也明显增多。受疫情影响，今年高校毕业生招聘需求下滑、求职面试受限、选择余地明显收窄。《报告》对促进高校毕业生就业作出了安排。主要是，促进市场化社会化就业，对增加高校毕业生招用的企业予以政策支持；扩大基层服务项目等招聘，包括增加"特岗计划""三支一扶"招募规模，拓展科研、社区、医疗等基层岗位，增加中小学和幼儿园教师招聘数量，提高各级事业单位空缺岗位用于招聘高校毕业生的比例；增加硕士研究生招生规模；扩大高校毕业生应征入伍规模；高校和属地政府要提供不断线的就业服务。《报告》对做好退役军人、农民工等其他重点群体就业和帮扶残疾人、零就业家庭等困难群体就业工作也提出了要求。要加强劳动者权益保护，防止和纠正性别、身份、地域等就业歧视。现在我国灵活就业人员数以亿计，其中既包括传统的各类零工、企业非全日制用工、无雇工的个体工商户等，也包括近年来快速增长的电商、快递等新业态的就业人员。这些人员流动性大、社会保障政策存在缺失，受疫情影响较大。针对当前灵活就业人员面临的困难，《报告》提出了相关扶持政策。今年对低收入人员实行社保费自愿缓缴政策，涉及就业的行政事业性收费全部取消。当前我国就业总量问题和结构性问题并存，特别是高技能人才供需缺口达 2000 万人，成为产业转型升级的重要制约因素。统筹考虑缓解当前就业压力和高技能人才短缺问题，在 2019 年职业技能提升和转岗转业培训超过 1500 万人次、高职院校扩招 100 万人基础上，今明两年职业技能培训 3500 万人次以上、高职院校扩招 200 万人，让更多青年凭借一技之长实现人生价值，也为推动高质量发展提供更加有力的人才支撑。

（二）依靠改革激发市场主体活力，增强发展新动能。 经济发展的动力来自于市场主体的活力。在当前困难情况下，保住市场主体并努力稳定其活跃度，是"六保"的重要任务。这要靠深化改革，大力破除体制机制障碍，让市场在资源配置中起决定性作用、更好发挥政府作用，增强内生发展动力。

深化"放管服"改革。营商环境就是生产力、竞争力，其优劣直接影响市场主体的兴衰、生产要素的聚散、发展动力的强弱。这些年，我们持续推进"放管服"改革，营商环境明显改善。经济社会发展形势越是严峻，越要千方百计优化营商环境。要在常态化疫情防控前提下，对前期采取的一些应急管控措施该坚持的坚持、该完善的完善、该清理取消的清理取消，促进全面复工复产、复市复业。要进一步缩减市场准入负面清单，制定和完善行政许可事项等清单，清理规范备案、登记等管理措施，坚决防止变相审批。经营场所是企业登记注册的核心条件之一，目前一些地方对中小微企业、个体工商户登记注册时提出的经营场所要求过高，增加了创业难度、抬高了创业成本。《报告》要求放宽登记经营场所限制，便利各类创业者注册经营、及时享受扶持政策。要深化"证照分离"改革，使企业更便捷拿到营业执照并尽快正常运营，克服"准入不准营"的现象。推动更多服务事项一网通办，做到企业开办全程网上可办。公平竞争是市场经济的灵魂，只有公平竞争，才能使市场活而不乱，实现优胜劣汰，否则就会"劣币驱逐良币"。公平竞争有赖于公正监管。要健全公开透明的监管规则和标准体系，严格规范行政执法，以公正监管维护市场公平竞争，持续打造市场化、法治化、国际化营商环境。

推进要素市场化配置改革。完善的现代市场体系不仅包括发达的商品市场体系，还要有健全的要素市场体系。与商品市场相比，我国要素市场发育还不充分，存在市场决定要素配置范围有限、要素流动存在体制机制障碍、要素价格传导机制不畅等问题。这影响了市场对资源配置决定性作用的发挥，成为高标准市场体系建设的一个突出短板。深化要素市场化配置改革，是建设统一开放、竞争有序市场体系的内在要求，是坚持和完善社会主义基本经济制度、加快完善社会主义市场经济体制的重要内容。今年3月，党中央、国务院印发的关于构建更加完善的要素市场化配置体制机制的意见，就扩大要素市场化配置范围、促进要素自主有序流动、加快要素价格市场化改革、健全要素市场运行机制等进行了全面部署。《报告》对推进资本、土地、人才、技术、数据等要素市场化配置改革提出了要求。

提升国资国企改革成效。今年要实施国企改革三年行动，提高国有企业活力和效率。要加快形成完善的中国特色现代企业制度，完善公司治理结构，健全市场化经营机制。要完善以管资本为主的国有资产监管体制，推行出资人监管权责清单管理。分层分类深化混合所有制改革。今年基本完成剥离办社会职能和解决历史遗留问题。推动国有经济布局优化和结构调整，聚焦发展实体经济，更好服务国家战略。要通过改革，增强国有经济竞争力、创新力、控制力、影响力、抗风险能力，做强做优做大国有资本和国有企业。

优化民营经济发展环境。民营经济是创业就业、技术创新的重要主体和国家税收的重要来源。要全面落实党中央、国务院关于支持民营企业改革发展的各项举措，营造公平竞争的市场环境、精准有效的政策环境、平等保护的法治环境。要保障民营企业平等获取生产要素和政策支持，清理废除与企业性质挂钩的不合理规定。要限期完成清偿政府机构、国有企业拖欠民营和中小企业款项的任务。《报告》强调，构建亲清政商关系，促进非公有制经济健康发展。要健全政企沟通机制，完善涉企政策制定和执行机制，及时帮助民营企业解决遇到的困难和问题，提振企业家发展信心。

推动制造业升级和新兴产业发展。制造业是一个国家经济的骨架，代表着综合实力、核心竞争力和抗风险能力。经过多年努力，我国成为世界第一制造大国，是全世界唯一拥有联合国产业分类中全部工业门类的国家，但总体上看，制造业大而不优、大而不强，仍处于全球产业链的中低端。当前我国制造业发展面临严峻挑战，投资增长低迷、生产成本上升、产业链供应链循环受阻，亟待加快转型升级。《报告》要求，支持制造业高质量发展。要加快补齐制造业产业链短板，优化供应链布局，提升产业基础高级化、产业链现代化水平，大幅增加制造业中长期贷款。要发展工业互联网，推进智能制造，推动制造业向数字化、网络化、智能化、绿色化转变。发展研发设计、现代物流、检验检测认证等生产性服务业。近些年，我国新产业、新业态、新模式迅速成长，成为国民经济中最有活力、最具增长潜力的部分，不仅便利了群众生活，也为扩大就业提供了支撑。在这次抗击疫情中，电商网购、在线服务等新业态发挥了重要作用。如果没有这些新业态，疫情期间实行居家抗疫、隔离观察、小区封闭等很多管控措施都会增加难度。《报告》明确，要继续出台支持政策，全面推进"互联网＋"，打造数字经济新优势。

提高科技创新支撑能力。科学技术是第一生产力，无论是抗击疫情，还是做好"六稳""六保"工作，促进高质量发展，都离不开强有力的科技支撑。基础研究是科技创新的源头和先导。从世界科技发展史看，凡具有颠覆性、突破性的重大科技创新，都是基于基础科学的长期积累。这些年，我国在应用技术领域进步迅速，一些方面走在国际前列，但基础研究与世界科技强国相比还有较大差距，这是我国原始创新成果少的重要原因。《报告》提出，要稳定支持基础研究和应用基础研究，引导企业增加研发投入，促进产学研融通创新。各级财政要继续加大对基础研究投入，完善基础研究经费拨付和管理办法，大幅度提高稳定支持比例。同时，要落实和完善相关政策，引导企业加大研发投入特别是基础研究投入，形成支持基础研究的合力。完善关键核心技术攻关新型举国体制，加快建设国家实验室，重组国家重点实验室体系，发展社会研发机构。深化国际科技合作，广泛汇聚和利用全球创新资源。加强知识产权保护，健全知识产权侵权惩罚性赔偿制度，促进发明创造和转化运用。科技创新本质上是人的创造性活动。要围绕调动科技人员积极性、创造性，改革科技成果转化机制，畅通创新链，营造鼓励创新、宽容失败的科研环境。《报告》提出，要实行重点项目攻关"揭榜挂帅"，谁能干就让谁干。英雄不论出处，要在更多领域把需要攻关和转化的重大项目张出榜来，谁有本事谁就揭榜。这是深化科技体制改革的重大举措，有利于加快创新步伐，也有利于优秀人才脱颖而出。

深入推进大众创业万众创新。我国拥有世界上规模最大的人力人才资源，具有无限的创新创造潜能，只要充分释放出来，就能形成推动发展的强劲动力。《报告》提出了促进创业创新的扶持政策，包括支持创业投资和股权投资发展，增加创业担保贷款，深化新一轮全面创新改革试验，新建一批双创示范基地等。这些年，我国很多新业态新模式的快速发展，很大程度上得益于包容审慎监管方式。《报告》强调，要坚持包容审慎监管，发展平台经济、共享经济，更大激发社会创造力。我们既要支持探索创新，又要注意防范风险。对那些看得准的新生事物，要量身定制监管模式，给予足够的成长空间，不能削足适履，坚决取消各种不合理限制。对有些一时看不准的，也要多观察，不要一上来就管死。对那些潜在风险大、有可能造成严重不良社会后果的，要严格监管，发现问题果断出手。

（三）实施扩大内需战略，推动经济发展方式加快转变。我国内需潜力蕴藏在很多方面。《报告》提出了实施扩大内需战略的系统框架和路径，要求深化供给侧结构性改革，突出民生导向，使提振消费与扩大投资有效结合、相互促进。

推动消费回升。收入水平和收入预期是影响消费的重要因素。《报告》指出，要通过稳就业促增收保民生，提高居民消费意愿和能力。要优化消费环境，提供消费便利，支持餐饮、商场、文化、旅游、家政等生活服务业恢复发展，改造提升步行街。发展消费新业态新模式，推动线上线下融合，大力发展新零售，培育消费新增长点。过去相当长一段时间，汽车消费持续增长，对拉动消费增长发挥了重要作用。目前我国每千人汽车保有量为170多辆，不仅低于主要发达国家，也低于一些新兴市场国家，仍有提升空间。近几年汽车消费增速放缓的一个重要原因是城市停车位严重不足。《报告》提出，要促进汽车消费，大力解决停车难问题。我国老年人口数量多、老龄化速度快，60岁以上老年人口已达2.5亿，且以每年几百万人的速度增长，养老服务供给不足问题突出。实施全面两孩政策后，托幼服务需求猛增，而供给严重不足。要想群众之所想、急群众之所急，加快发展养老、托幼服务。随着生活水平提高和健康观念增强，人民群众对健康产品、健康服务的需求持续增长。我们要因势利导，发展大健康产业，增加健康产品和服务供给，创新服务模式，更好满足群众多层次、多元化、个性化的健康需求，把健康产业打造成国民经济的支柱产业。近几年，农村消费较快增长，仍有很大潜力。要支持电商、快递进农村，拓展农村消费。只要解决好民生关切，消费潜力就会不断释放。

扩大有效投资。我国发展中还有许多短板弱项，扩大有效投资空间广阔。最近一段时间，各方面对扩大有效投资有共识，但对重点投向有不同看法。《报告》立足推动经济高质量发展、满足人民群众需求，统筹考虑促消费惠民生、调结构增后劲，提出了把"两新一重"建设作为投资重点。一是加强新型基础设施建设。这旨在激发新消费需求、带动新兴产业壮大、助力传统产业转型升级。《报告》提出了两个方面的重点。一方面是发展新一代信息网络、拓展5G应用、建设数据中心，这有利于壮大数字经济，促进信息消费、智能消费等新产业新业态发展，更好满足群众对数字生活的新需求。另一方面是增加充电桩、换电站等设施，推广新能源汽车。近些年，为促进新能源汽车生产和消费，我们出台了一系列鼓励政策，新能源汽车产业较快增长。目前我国已经成为世界最大的新能源汽车生产和销售市场。但充电桩建设不足、充电不方便，是制约新能源汽车消费的一个重要因素。要科学规划充电桩布局，提高城市郊区、高速公路充电桩密度。二是加强新型城镇化建设。县城是新型城镇化的重要载体，也是联结城乡的重要节点。现在越来越多的农民选择到县城就业安家、安排子女上学。要大力提升县城公共设施和服务能力，扩大容量、增强功能。城镇老旧小区量大面广，公共服务设施不健全，居民生活有诸多不便。推进老旧小区改造，要全面规划、系统推进，既要搞好市政设施等硬件的提升，也要注重物业服务等软件的改善，既要完善便民生活服务设施，也要将加强公共卫生等应急能力建设一并考虑，不断充实老旧小区改造内容，使社区真正成为承载美好生活、完善社会治理的基础单元。今年新开工改造城镇老旧小区 3.9 万个、涉及 700 万户。三是加强交通、水利等重大工程建设。增加国家铁路建设资本金 1000 亿元，支持沿江沿海高铁、城际铁路等项目建设。完善公路网骨干线路，加快普通国省干线、内河航运等项目建设。推进机场改扩建工程，开工一批支线机场项目。加快在建重大水利工程进度，新开工一批重大水利工程。为支持"两新一重"建设，《报告》提出，今年拟安排地方政府专项债券 3.75 万亿元，比 2019 年增加 1.6 万亿元，提高专项债券可用作项目资本金的比例，中央预算内投资安排 6000 亿元。要优选项目，不留后遗症，让投资持续发挥效益。民间投资占投资的大头，扩大有效投资必须调动民间投资积极性。《报告》强调，要健全市场化投融资机制，支持民营企业平等参与。

深入推进新型城镇化。以人为核心的新型城镇化，既可带动居民增加消费，又可拉动有效投资，是扩大内需的综合大平台和最大潜力所在。我国常住人口城镇化率虽然超过 60%，但是远低于发达国家水平，特别是户籍人口城镇化率不到45%，一些常住人口尚未完全享受城镇基本公共服务，新型城镇化有很大的发展和提升空间。要深化户籍制度改革，使更多农业转移人口在城市安家落户，推动城镇基本公共服务覆盖未落户常住人口。要发挥中心城市和城市群综合带动作用，促进不同规模的城市和小城镇协同发展，培育产业、增加就业，提高城市综合承载能力。坚持房子是用来住的、不是用来炒的定位，因城施策，促进房地产市场平稳健康发展。要完善便民、无障碍设施，让城市更宜业宜居。

加快落实区域发展战略。要统筹区域协调发展，改革完善相关机制和政策，促进要素合理流动、产业高效协同、供需有机衔接、比较优势充分发挥，构建带动全国高质量发展的新动力源。落实和完善推动西部大开发、东北全面振兴、中部地区崛起、东部率先发展的政策举措。深入推进京津冀协同发展、粤港澳大湾区建设、长三角一体化发展，打造世界级创新平台和增长极。落实长江经济带共抓大保护措施。编制黄河流域生态保护和高质量发展规划纲要。推动成渝地区双城经济圈建设。促进革命老区、民族地区、边疆地区、贫困地区加快发展。发展海洋经济。《报告》要求，要实施好支持湖北发展一揽子政策，支持保就业、保民生、保运转，促进经济社会秩序全面恢复。

提高生态环境治理成效。生态环境问题本质上是发展方式、经济结构和消费模式问题。推进生态环境治理，必须坚持标本兼治，着力解决突出问题，持续推动形成绿色发展方式和生活方式。要突出依法、科学、精准治污，增强污染治理的持续性、针对性、有效性。深化重点地区大气污染治理攻坚，加强工业、燃煤、机动车三大污染源治理。加强污水、垃圾处置设施建设，推进生活垃圾分类。优化环境治理方式，对企业既依法依规加强监管，又主动做好帮扶指导，防止简单粗暴关停。发展节能环保产业，是实现污染治理和经济发展的双赢之策。要完善价格、财税、金融等环境经济政策，引导社会资本进入环境治理领域，培育一批专业化骨干企业，做大做强节能环保产业。严惩非法捕杀、交易、食用野生动物行为。实施重要生态系统保护和修复重大工程，促进生态文明建设。要努力在高质量发展中实现高水平保护、在高水平保护中促进高质量发展。

保障能源安全。对我们这样一个人口众多的发展中国家来说，能源安全始终是关系全局的战略性问题。我国能源禀赋的特点是煤多、油少、气缺。这些年，我国石油、天然气消费量不断增长，对外依存度持续提高，2019 年分别为 70.8% 和 43%。当前，全球能源供需格局正在深刻调整，主要能源价格剧烈震荡，能源市场不稳定因素显著上升，给我国能源安全带来风险。当前和今后一个阶段，我国能源消费总量将继续增长，保障能源供应和安全任务艰巨，要系统谋划。要深入推进能源消费、供给、技术、体制革命和国际合作，发展多元能源供给。目前煤在能源消费中的比重仍接近60%，今后煤的消费占比会逐步下降，但以煤为主的能源结构短期内不可能根本改变。要在加强煤炭清洁高效利用上想办法、找出路，这既利于保障能源安全，也利于减少污染排放。要科学规划煤炭开发布局，加快输煤输电大通道建设，提高煤炭集中利用水平。发展水电、风电、光电等可再生能源，提高清洁能源消纳水平。要聚焦短板，加快推进石油、天然气、电力产供销体系建设，提高能源储备能力，增强油气安全储备和应急保障水平。

（四）确保实现脱贫攻坚目标，促进农业丰收农民增收。《报告》强调，要落实脱贫攻坚和乡村振兴举措，保障重要农产品供给，提高农民生活水平。

坚决打赢脱贫攻坚战。目前全国未摘帽的贫困县有52个，贫困人口超过1000人或贫困发生率超过10%的贫困村有1113个。要加大剩余贫困县和贫困村攻坚力度，推动政策、资金、帮扶力量予以倾斜，实施挂牌督战，及时帮助解决遇到的困难和问题，强化对特殊贫困人口兜底保障，确保贫困县如期摘帽、贫困村如期出列、贫困人口如期脱贫。务工收入是贫困家庭收入的主要来源，稳就业是巩固脱贫成果的关键举措。《报告》强调，对外出务工劳动力，要在就业地稳岗就业。开展消费扶贫行动，组织产销对接，解决贫困地区农畜产品销售难问题，支持扶贫产业恢复发展。在过去五年时间内，有近1000万贫困人口和约500万同步搬迁人口实现易地扶贫搬迁，这是人类历史上前所未有的壮举。要加强易地扶贫搬迁后续扶持，确保他们搬得出、稳得住、能致富。深化东西部扶贫协作和中央单位定点扶贫。为巩固和拓展脱贫成果，要继续执行对摘帽县的主要扶持政策，扶上马、送一程。习近平总书记指出："脱贫摘帽不是终点，而是新生活、新奋斗的起点。"要接续推进脱贫与乡村振兴有效衔接，让脱贫群众迈向富裕。

着力抓好农业生产。解决好十几亿人口的吃饭问题，始终是头等大事。今年经济社会发展面临的困难增多，保障粮食等重要农产品有效供给，对于稳定物价、保障群众基本生活、保持社会大局稳定具有特殊重要的意义。从目前看，今年粮食供给是充裕的，稻谷、小麦库存量能够满足一年以上的消费需求，现在夏粮丰收在望。其他大部分主要农产品供需基本平衡。但要看到，我国农业生产基础尚不稳固，抗御各类灾害的能力不强，农产品产量存在波动，目前少量品种还存在结构性的供给紧缺问题，特别是猪肉价格仍处高位。农业生产任何时候都不能放松。《报告》要求，稳定粮食播种面积和产量，提高复种指数,提高稻谷最低收购价,增加产粮大县奖励,大力防治重大病虫害。加强粮食生产能力建设，新建高标准农田 8000 万亩。非洲猪瘟等疫病对养殖业影响大，要有力有效加强疫病防控，促进生猪生产恢复和畜禽水产养殖发展。加快农业科技改革创新，大力发展现代种业，加强先进实用技术推广。健全农产品流通体系，加强农产品市场调控，保持市场价格基本稳定。压实"米袋子"省长负责制和"菜篮子"市长负责制，加强考核监督。《报告》强调，14 亿中国人的饭碗，我们有能力也务必牢牢端在自己手中。

拓展农民就业增收渠道。务工收入是农民增收的大头。对外出农民工，要落实在就业地平等享受就业服务政策。支持农民就近就业创业，加强农民职业技能培训，提高农民就业创业能力。支持农产品深加工，完善乡村产业发展用地保障政策，促进一二三产业融合发展，扩大以工代赈规模，增加就业岗位，让返乡农民工能打工、有收入。《报告》提出，扶持适度规模经营主体，加强农户社会化服务。规模经营是现代农业发展方向，要积极稳妥推进。我国人多地少，小规模农户经营将长期存在，要尊重农民意愿，保持土地承包关系稳定并长久不变，健全面向小农户的社会化服务体系。我国城乡发展差距，主要体现在农村基础设施和公共服务滞后。《报告》要求，增加专项债券投入，支持现代农业设施、饮水安全工程和人居环境整治，持续改善农民生产生活条件。

（五）推进更高水平对外开放，稳住外贸外资基本盘。 面对外部环境复杂变化，我们要坚定不移扩大对外开放，稳定产业链供应链，以开放促改革促发展，完善开放型经济新体制，培育国际经济合作和竞争新优势。

促进外贸基本稳定。当前，我国外贸企业特别是中小企业生产经营面临巨大压力。国际市场需求萎缩，国外订单大幅减少，运营成本急剧增加，部分企业存在资金链断裂风险。外贸行业直接和间接吸纳1.8亿人就业，稳外贸事关就业民生，必须加大政策扶持力度。《报告》围绕支持企业增订单、稳岗位、保就业作出了部署安排。要引导金融机构加强和改进对外贸企业的服务，加大信贷投放，防止资金链断裂。扩大出口信用保险覆盖面，为出口企业提供风险保障，做到应保尽保。加快落实出口退税政策，简化出口退税手续，确保企业及时拿到退税款。提升通关效率，降低进出口合规成本，提升贸易便利化水平。提高国际货运能力，加快跨境物流体系建设。要发挥强大国内市场优势，支持出口产品转内销，落实和完善相关扶持政策，引导出口企业开发面向国内市场的产品，加强与电商平台、批发零售企业、大型商超对接，构建内销网络体系。近年来，我国跨境电商进出口持续快速增长，成为外贸发展新亮点。当前传统外贸受到疫情较大冲击，要更大发挥跨境电商独特优势，以新业态助力外贸发展。《报告》要求，加快跨境电商等新业态发展。今年要在已设立59个跨境电商综合试验区基础上，再新设46个跨境电商综合试验区。推进新一轮服务贸易创新发展试点。中国国际进口博览会成功举办两届，成为扩大进口的重要平台。要继续筹办好第三届进博会，积极扩大进口，为消费者提供更多选择、促进消费增长，促进产业升级、助力高质量发展。

积极利用外资。利用外资是我们的长期方针，对促进经济持续健康发展具有重要意义。当前全球跨国直接投资低迷，商务人员往来受限，我们要采取有力举措，优化外商投资环境，努力促进外商投资稳定增长、提升质量。近年来，按照只减不增的要求，我国外资准入负面清单几经修订，清单越来越短。2018年版保留的限制措施与2011年版相比减少约3/4，制造业基本放开，服务业和其他领域有序推进开放。2019年版外资准入负面清单进一步缩短了清单长度。其中，全国外资准入负面清单条目由48条减至40条，自贸试验区外资准入负面清单条目由45条减至37条。《报告》指出，要大幅缩减外资准入负面清单，出台跨境服务贸易负面清单，这展示了我国坚定不移扩大对外开放的鲜明态度。改革开放40多年来，经济特区在我国经济体制改革中发挥了"试验田"作用，在对外开放中发挥了重要"窗口"作用。在新形势下，要深化经济特区改革开放，使之更好担负起为全国改革开放探路开路的重任。《报告》

提出，赋予自贸试验区更大改革开放自主权，在中西部地区增设自贸试验区、综合保税区，增加服务业扩大开放综合试点。自2018年以来，海南开启了全面深化改革开放、全岛建设自贸试验区和探索建设中国特色自贸港的进程，取得了初步成效。《报告》提出，加快海南自由贸易港建设。今年要按照分步骤、分阶段建立自由贸易港政策和制度体系的要求，对标世界最高水平的开放形态，突出以贸易自由和投资自由为重点，实施市场准入承诺即入制，建立公平竞争制度，完善产权保护制度。2020年1月1日起，新的外商投资法及其实施条例正式施行。要严格依法办事，加强外资促进和保护，加快与国际通行经贸规则对接，提高政策透明度和执行一致性，营造内外资企业一视同仁、公平竞争的市场环境。更加开放的中国大市场，将为各国企业提供更多发展机遇。

高质量共建"一带一路"。坚持共商共建共享，遵循市场原则和国际通行规则，完善政策、整合资源，发挥企业主体作用，鼓励地方积极参与，开展互惠互利合作，扎实抓好重大项目建设，积极拓展第三方市场合作，解决好金融支撑、投资环境、风险管控、安全保障等关键问题。要引导对外投资健康发展，创新对外投资方式，优化对外投资结构，提升风险防范能力。

推动贸易和投资自由化便利化。经济全球化符合世界各国的根本利益，是不可逆转的历史潮流。以世贸组织为核心的多边贸易体制，是当今国际经贸秩序的基石，其权威和效力应得到尊重和维护。《报告》强调，坚定维护多边贸易体制，积极参与世贸组织改革。推动签署区域全面经济伙伴关系协定，推进中日韩等自贸谈判。共同落实中美第一阶段经贸协议。中国致力于加强与各国经贸合作，实现互利共赢。

（六）围绕保障和改善民生，推动社会事业改革发展。保基本、兜底线是政府的重要职责。面对困难，基本民生的底线要坚决兜牢，群众关切的事情要努力办好。大力支持社会力量增加非基本公共服务供给，满足群众多层次、多样化需求。民生保障好，人心就稳，社会就稳。

加强公共卫生体系建设。针对这次疫情暴露出的短板和不足，《报告》就完善重大疫情防控体制机制、加强公共卫生应急管理体系等作出了部署。2003 年非典之后，我们初步构建起疾病预防控制体系、疫情信息直报系统，对于及时发现、报告和控制已知传染病发挥了重要作用，但也存在功能定位不清晰、疾病防治和应急处置能力不强等问题。总结这次新冠肺炎疫情防控中的经验教训，要改革疾病预防控制体制，坚决贯彻预防为主的卫生与健康工作方针，坚持常备不懈，将预防关口前移，加强传染病防治能力建设，完善传染病直报和预警系统，做到早发现、早报告、早隔离、早治疗。要依法实事求是、公开透明发布疫情信息，坚决查处瞒报行为。

要推进疫情防控基础设施和条件能力建设，用好抗疫特别国债，加大疫苗、药物和快速检测技术研发投入，增加防疫救治医疗设施，增加移动实验室，强化应急物资保障。要优化医疗卫生资源投入结构，加强农村、社区等基层防控能力建设，织密织牢第一道防线。加快公共卫生人才队伍建设，健全执业人员培养、准入、使用、待遇保障、考核评价和激励机制。深入开展爱国卫生运动，普及卫生健康知识，倡导健康文明生活方式，使健康促进成为全社会的自觉行动。目前疫情尚未结束，《报告》强调要大幅提升防控能力，坚决防止疫情反弹，坚决守护人民健康。

提高基本医疗服务水平。经过这些年的努力，我们已建立全国统一的城乡居民基本医保制度。在新冠肺炎患者救治中，这一制度发挥了重要保障功能，将患者及其家庭的医疗费用负担降到最低。《报告》提出，居民医保人均财政补助标准增加30元，提高医保保障能力。开展门诊费用跨省直接结算试点，便利流动人口和随迁老人。受疫情影响，很多医疗机构难以正常开展业务、收入大幅下降，《报告》要求给予扶持。深化公立医院综合改革。发展"互联网＋医疗健康"。建设区域医疗中心。提高城乡社区医疗服务能力。推进分级诊疗。在抗击疫情过程中，中医药发挥了独特作用。要促进中医药振兴发展，加强中西医结合。食品药品质量关乎每一个人的身体健康和生命安全，今年还出现了"大头娃娃"等食品安全事件，《报告》强调，要严格食品药品监管，确保群众饮食用药安全。

推动教育公平发展和质量提升。教育寄托着亿万家庭对美好生活的期盼，教育公平是人生公平的起点。2020 年全国普通高等学校招生统一考试延期一个月举行。《报告》对有序组织中小学教育教学和中高考工作提出了要求。针对义务教育发展不均衡问题，《报告》要求加强乡镇寄宿制学校、乡村小规模学校和县城学校建设，完善随迁子女义务教育入学政策。办好特殊教育、继续教育，支持和规范民办教育。针对学前教育资源短缺、民办幼儿园普遍面临困难问题，《报告》要求发展普惠性学前教育、帮助民办幼儿园纾困。以经济社会发展需要为导向，推动高等教育内涵式发展，推进一流大学和一流学科建设，支持中西部高校发展。《报告》强调，要稳定教育投入，优化投入结构，缩小城乡、区域、校际差距，让教育资源惠及所有家庭和孩子，让他们有更光明未来。

加大基本民生保障力度。养老金是老年人基本生活保障。今年继续上调退休人员基本养老金，提高城乡居民基础养老金最低标准。现在全国领取养老金人数近 3 亿，《报告》强调必须确保按时足额发放。今年我国虽然实施了社会保险缴费阶段性减免政策，基金收入有所减少，但确保养老金按时足额发放是有保障的。这个保障就在于我们有积累、有调剂、有补助、有储备。一是基金有积累。截至 2019 年年底，全国企业职工基本养老保险基金累计结余 5 万多亿元，总体支撑能力较强。减免社保费后，大部分省份累计结余仍然比较多，可以动用一部分结余以丰补歉。目前全国已有 20 个省份实现基金省级统收统支，在全省范围内调动使用基金的能力进一步增强。二是跨省有调剂。今年企业职工基本养老保险基金中央调剂比例从 2019 年的 3.5% 提高到 4%。三是财政有补助。近年来，中央财政持续加大对基本养老保险基金补助力度，地方政府也对养老保险予以补助。四是长期有储备。从本世纪初开始，我国建立了社会保障战略储备基金，目前基金规模已达到 2 万多亿元。划转部分国有资本是社保基金的重要资金来源，截至 2019 年年底中央层面已完成划转国有资本 1.3 万亿元，今年年底前要全部完成划转工作。《报告》提出，要落实退役军人优抚政策，做好因公殉职人员抚恤。《报告》要求切实保障所有困难群众基本生活。扩大失业保险保障范围，将参保不足 1 年的农民工等失业人员都纳入常住地保障。扩大低保保障范围，对城乡困难家庭应保尽保，将符合条件的城镇失业和返乡人员及时纳入低保。对因灾因病因残遭遇暂时困难的人员，都要实施救助，尽可能帮助他们解决就业和生活难题，坚决防止冲击社会道德底线的事件发生。

《报告》对丰富群众精神文化生活、加强和创新社会治理、强化安全生产责任、加强政府建设等作出了部署。《报告》还要求编制好"十四五"规划，对做好民族宗教侨务工作、国防和军队建设、港澳和对台工作、外交工作等作了阐述。

习近平总书记深刻指出，"中华民族历史上经历过很多磨难，但从来没有被压垮过，而是愈挫愈勇，不断在磨难中成长、从磨难中奋起。"我们坚信，在以习近平同志为核心的党中央坚强领导下，在习近平新时代中国特色社会主义思想的科学指导下，全国人民同舟共济、砥砺奋进，一定能夺取今年疫情防控和经济社会发展的双胜利，实现全面建成小康社会目标，迈向新的伟大征程。

（作者系国务院研究室党组书记、主任）

编者按：全国832个贫困县中目前已有436个县摘帽，预计到2019年年底将再有330个贫困县退出，脱贫攻坚战逐步进入收官阶段。贫困县摘帽前后应该注意哪些问题？摘帽后各项支持政策怎么办？摘帽县如何实现持续健康发展？围绕这些各方面都比较关心的问题，我室组织16名同志于8月上旬利用暑休时间，由黄守宏主任带队赴中部某县开展实地调研。此次调研，聚焦摘帽前后脱贫攻坚工作，深入贫困村、扶贫产业基地、企业、学校、医院等基层一线，与乡镇党委书记、村支书、驻村第一书记、贫困户和非贫困户代表等面对面交流，掌握了大量第一手资料，同时对全国面上情况进行了分析，在此基础上形成了多篇调研报告。

贫困县摘帽后现行支持政策走向
和县域发展战略亟须及早明确

——脱贫攻坚专题调研系列报告之一

贺达水　　李攀辉

　　实施脱贫攻坚战以来，在以习近平同志为核心的党中央坚强领导下，经过各方面的艰苦努力，贫困县普遍获得了长足发展、发生了巨大变化，预计到 2020 年现行标准下农村贫困人口实现脱贫、贫困县全部摘帽、解决区域性整体贫困的脱贫攻坚目标能够顺利完成。但是，摘帽县经济社会发展相对滞后的局面没有根本改变，仍离不开国家的大力支持和社会各方面的帮扶。现在无论是已摘帽的还是即将摘帽的贫困县的干部群众都很关心脱贫攻坚期出台的政策举措走向，普遍担忧因一些重要政策措施弱化或取消会引致经济社会发展出现停滞或下滑局面。我们认为，国家有关部门应对各项政策举措进行全面梳理评估，明确哪些是需要长期坚持甚至加强的，哪些是需要根据形势变化予以调整或退出的，有的可设置过渡期，并及早公之于众、以稳定预期。同时，应加快推进脱贫攻坚与乡村振兴各项工作衔接，制定摘帽县县域经济发展战略，巩固脱贫攻坚成果，增强内生发展动力，实现经济社会持续健康发展。

一、如期打赢脱贫攻坚战是有把握的，但收官阶段仍需坚持标准、注重质量

根据调研并综合面上情况，脱贫攻坚任务可如期全面完成，主要依据是以下三点。

一是贫困户"两不愁三保障"基本实现。从全国看，贫困群众普遍不愁吃、不愁穿，上学、就医、饮水安全、住房安全在大部分地区得到较好保障。预计到今年年底，全国将只剩下 60 个左右贫困县待摘帽，贫困人口 600 万左右，贫困发生率降至 0.6%，明年剩下的贫困县能够实现"两不愁三保障"目标。我们在某县调研时看到，贫困户生产生活条件与脱贫攻坚之前相比明显改善，就业门路和收入来源得到拓宽，"两不愁三保障"已较好解决。预计到今年年底，某县贫困发生率将降至 0.9%，贫困人口数减至 7000 人，基本达到贫困县脱贫标准。

二是贫困村基础设施和基本公共服务明显改善。从 2018 年全国农村贫困监测调查结果看，自然村通公路、通电话、通有线电视的比重都已接近 100%，通宽带、有卫生站的比例都在 93% 以上，农户上幼儿园、上小学便利的比重也都接近 90%，办成了许多过去想办而没办成的民生实事，也为贫困村从脱贫逐步走向致富创造了条件。就某县而言，贫困村基础设施和基本公共服务建设投入力度前所未有，累计整合涉农资金

11.7亿元用于贫困村建设，基本实现全面通路、通水、通宽带，实现基本公共服务全覆盖。

三是贫困县已初步形成持续发展的产业支撑。贫困县着力依托特色优势资源加快产业转型升级，县域经济社会发展的后劲增强。以某县为例，该县坚持短中长三线结合、一二三产业融合发展思路，重点发展软籽石榴、杏李等生态高效产业，着力发展汽车零部件和食品加工两大产业，以特色旅游引领现代服务业发展，三次产业比例调整到12：47：41，目前已有10家企业被认定为国家科技型中小企业。县域经济发展为巩固脱贫成果提供了有力支撑。

从全国来看，随着脱贫攻坚战进入收官阶段，基层扶贫工作中出现的一些问题要高度重视。一是存在拔高脱贫标准的倾向。中西部一些贫困县为确保摘帽并顺利通过验收，工作上自行加码，部分扶贫举措偏离了"两不愁三保障"的标准。如有的县在人口稀少的偏远山村投入数十万元修建文体广场等设施，但利用率很低。超标准的投入，增加了贫困县财政负担。二是存在着脱贫工作质量不高问题。有的县与"两不愁三保障"相关的问题尚未有效解决，如有些搬迁安置房存在质量问题、部分搬迁贫困人口就业难、少量贫困群众饮水安全不达标等。这些问题反映出部分贫困县扶贫工作还不够扎实不够细致。三是用"造血式"举措巩固脱贫成果谋划不够。突出表现在部分扶贫产业重生产、轻市场，加工、物流等配套设施缺乏，产品附加值低等，贫困群众担心一旦支持力度下降，产业发展将难以为继。对这些问题，要尽快采取措施加以解决，增强群众对脱贫攻坚的获得感和认可度，确保脱贫成果经得起实践和历史检验。

二、摘帽县仍是区域发展的短板，脱贫攻坚期的重要政策举措要分类处理、平稳过渡

明年将历史性解决农村绝对贫困问题，贫困县也将全部摘帽。但对摘帽县经济社会发展的相对滞后性不能低估，对贫困地区自我发展能力不能高估，对巩固拓展脱贫成果的艰巨性应有清醒认识。第一，摘帽县是区域发展短板的格局没有变。摘帽县自然地理、生态环境等制约短期难以根本改观，基础设施、公共服务欠账仍然较多，产业发展基础还不够牢固。如某县 2018 年人均地区生产总值 34030 元，仅相当于河南省平均水平的 2/3、全国平均水平的 1/2；人均地方财政收入 1300 元，仅相当于河南省平均水平的 1/3，不到全国各地平均水平的 1/5。某县城至今不通铁路，县内乡镇之间交通不通达，发展受到很大制约。第二，贫困地区自身发展能力弱的状况没有变。摘帽县经济社会发展基础条件落后、营商环境与其他地区相比有较大差距，在资金、技术、人才等要素竞争中处于不利地位。某县当地汽车零配件龙头企业为吸引人才，只能把研发中心设在上海、郑州等城市。第三，脱贫人口生产生活水平较低的状况没有变。脱贫人口只是实现了"两不愁三保障"，但收入、基本公共服务水平等并不高，遭受灾害、疾病、市场波动等容易返贫。2018 年，贫困地区农村居民人均可支配收入 10371 元，仅相当于全国平均水平的 70.9%，汽车、洗衣机等耐用消费品拥有量也显著低于其他地区。

鉴于这"三个没有变"，国家对摘帽县发展要继续予以支持，防止摘帽后因支持政策退出或力度骤减而形成"断崖效应"。对攻坚期的支持政策应分类处理。

一是有利于补短板、强基础、利长远的政策，应继续加强。比如，财政扶贫政策要保持中央和省级财政专项扶贫资金户头不撤、渠道不变、力度不减，支持项目和范围可视情予以调整。同时，继续加大一般性转移支付对贫困地区的支持力度，赋予摘帽县统筹整合涉农资金更大使用自主权。金融政策要继续对贫困地区予以倾斜，保留并扩大扶贫再贷款，给予小额扶贫贷款适当缓冲期。贫困地区土地政策如专项安排年度新增建设用地计划指标、城乡建设用地增减挂钩指标使用、新增耕地指标调剂等政策，要继续实施。针对贫困地区交通、水利、电力、通信等基础设施建设支持政策，人才和科技扶贫、东西部扶贫协作、定点扶贫等政策，应继续保持或加强。

二是具有超常规、临时性特征的政策，应实事求是调整优化。如一些地方针对建档立卡贫困人口的超常规医疗保障政策，不仅影响医保基金可持续运行，也易引发非贫困户心态失衡，应逐步过渡到城乡居民基本医疗保险同等水平。向贫困村选派第一书记和驻村工作队制度，对于推进贫困村脱贫和加强农村基层党建发挥了很大作用，但大规模选派干部长期驻村是难以持续的，应适当减少规模、缩短驻期、收窄覆盖面，有针对性地选派乡村治理、发展产业急需的干部。

三是针对特定乡村、特定人口的特惠型政策，应逐步转型为普惠型政策。如主要针对贫困人口的易地扶贫搬迁政策，应逐步转型为针对地质灾害易发区或生态脆弱区居民的生态宜居搬迁。政策重点针对贫困户的产业和就业扶持政策、针对贫困村的基础设施建设支持政策等，应允许摘帽县立足实际将其拓展到非贫困户、非贫困村，防止产生新的不平衡。

此外，应着眼长远发展稳定和优化扶贫机构与职能。调研中扶贫干部和其他方面对攻坚期后扶贫机构存续和人员去留都很关切。对此，要及早予以明确，以利于稳定各级扶贫机构干部预期，凝心聚力做好扶贫和后续发展工作。经过国家30多年持续开展有组织大规模扶贫行动，特别是党的十八大以来实施脱贫攻坚战，形成了扶贫领域比较健全的体制机制、机构体系和一支有战斗力、有奉献精神的干部队伍。这是一笔宝贵的财富。农村绝对贫困问题解决之后，相对贫困问题将长期存在。促进摘帽县巩固扶贫成果和县域经济发展、缩小与其他地区的差距、实现共同富裕，尚需不懈努力，专司机构不可或缺。建议保留现有扶贫机构，并根据新的历史任务对其职能及名称进行调整。明年脱贫攻坚任务完成后，可将各级扶贫开发工作领导小组及其办公室转为区域协调发展工作领导小组及其办公室，其职责是牵头协调各方面，巩固扶贫成果、促进发展滞后区域经济社会发展。很多国家都设有专门的欠发达区域发展促进机构。

三、抓紧研究制定摘帽县县域发展整体战略，形成内生发展长效机制

摘帽县的持续健康发展，要靠乡村振兴接续发力，靠县域经济稳固支撑，靠改革创新激发内在动力。建议着眼巩固拓展脱贫攻坚成果，适应全面建成小康社会后摘帽县发展新形势新任务，对接乡村振兴战略重点，抓紧研究制定摘帽县县域发展战略和相关支持政策。

（一）完善现代乡村产业体系。根据摘帽县资源禀赋特色和乡村发展优势，因地制宜构建现代乡村产业体系。完善摘帽县乡村产业布局，形成短线产业稳脱贫、中线产业稳收入、长线产业

能致富的衔接格局。以脱贫攻坚形成的扶贫产业体系为基础，充分发挥规模集聚效应，加快形成县域产业集群。积极拓展深加工、销售、观光旅游等高附加值环节，推进市场化品牌化发展。发挥保险对现代乡村产业发展的保障作用，农业特色产业保险优先在摘帽县试点。提升农民的组织化程度，健全企业与农民利益联结机制。研究对摘帽县产业发展实行领导干部责任制，防止片面"短平快""人走业衰"，从制度上保障产业发展连续性。

（二）加大改革力度。着力改善营商环境，破解财政、金融、土地等领域制度障碍，放活资源要素，搞活县域经济。一要深化"放管服"改革。与发达地区相比，贫困地区在资源、区位、基础设施等发展的"硬条件"上处于劣势，只有大力推进改革，营造更佳的"软环境"，才能留住本地资本、吸引外来资本，打造比较优势、积聚发展动能。无论是已摘帽的贫困县还是将要摘帽的贫困县，都要主动对标先进，在推进简政放权、加强公正监管、强化公共服务等方面下功夫。二要深化财政体制改革。试点赋予摘帽县更充分的涉农资金整合使用权限，允许整合资金用于乡村水利、道路等基础设施建设。对重点生态功能区建设任务较重的贫困县，增加生态补偿转移支付。三要深化金融体制改革。可考虑将扶贫再贷款转型为支持摘帽县县域经济的再贷款机制，保持比支农再贷款更优惠的利率，向县域农商行、农村合作银行、农信社和村镇银行提供期限较长资金，降低贫困地区融资成本。四要深化土地制度改革。可考虑将目前深度贫困地区享受的用地政策，包括城乡建设用地增减挂钩不受指标规模限制、节余指标跨省域调剂使用机制、协同解决土地利用规划计划指标等，拓展到所有摘帽县。

（三）促进创新创业。摘帽县多是创新洼地，应积极引入科技、管理、人才等创新要素，与自身特色优势资源相结合，提高摘帽县发展质量。一要推进对内对外开放。实施差别化支持政策，借助扶贫协作体系，推动东部地区适宜的产业向摘帽县转移。通过政府购买服务等方式，鼓励和规范工商资本下乡，引导社会资本投入农业农村。二要推进乡村创新创业。深化实施激励农业科技人员创新创业改革工作。建立职业农民制度和新型职业农民教育培训体系，完善返乡农民工创业支持政策。三要加大人才引进力度。支持贫困地区实施人才弹性引进计划，通过人才引进奖补、特殊津贴、股权激励等方式，加快引进发展的急需人才。进一步疏通优秀村干部上升通道。探索对发展特色产业、壮大集体经济有贡献的村干部奖励制度，激发村干部干事创业热情。

（四）减轻财政负担和防范化解风险。摘帽县大多自我造血功能不强，而攻坚期内基础设施建设、公共服务质量提升、产业培育扶持等刚性支出多，部分摘帽县已形成一定的债务，并且风险防控能力总体偏弱。一要防范化解债务风险。实事求是排查摘帽县债务情况，中央财政和省级财政作为重点优先支持。有易地扶贫搬迁任务的摘帽县，要指导支持其做好偿还搬迁贷款安排，防止还款影响财政收支平衡。二要防范化解金融风险。重点关注金融扶贫中对扶贫龙头企业的扶贫贷款和对建档立卡户的扶贫小额信贷，完善不良信贷监测机制和续贷展期办法，兼顾巩固脱贫攻坚成果和缓释金融风险的需要。三要防范化解返贫风险。加快扶贫开发与农村低保制度衔接，整合各类救助政策资金。研究制定边缘户在义务教育、基本医疗、产业发展等方面的扶持政策，统筹开发式扶贫与保障性扶贫，形成解决相对贫困的常规性帮扶机制。

基层干部对改进贫困县退出评估的建议

——脱贫攻坚专题调研系列报告之二

贺达水　　李攀辉

今年是贫困县退出高峰年，预计到年底将有 330 个县在接受省级专项评估后摘帽。去年退出的 283 个县，今年也将接受国务院扶贫开发领导小组首次组织开展的 20% 比例的抽查。实施贫困县退出评估，既是对过去扶贫工作成效的大验收，也是对当前扶贫工作的指挥棒。总的看，这几年各地紧紧围绕脱贫成效真正获得群众认可、经得起实践和历史检验，严格规范执行退出评估标准和程序，有力推动了脱贫攻坚深入开展。基层同志对退出评估高度关注，希望适当改进评估中的一些具体做法，以有效减轻贫困县基层不必要的负担，真正把精力用在脱贫攻坚的实际工作上。

一、坚持把"两不愁三保障"作为评估的主要衡量标准

目前的贫困县退出评估，主要看综合贫困发生率、脱贫人口

错退率、贫困人口漏评率和群众认可度这"三率一度"定量指标。这就需要抽查相当数量的样本，如有的省规定贫困县退出评估抽样不少于 2.5%、样本分布不少于 20 个行政村。尽管这些样本数据由评估人员自行采集，并没有让乡村填表报数，但由于定量指标多、抽样范围广，基层干部反映，为避免因个别问题而影响整体评估，不得不反复开展拉网式筛查。不少基层同志认为，今年虽然各种会议和文件少了，但类似工作任务多了，"上面不厌其烦，下面不胜其烦"。此外，还有基层干部反映，有些省要求每个贫困村贫困发生率必须降至 2%（西部 3%）以下才能退出，但对于有一定数量重度残疾户、低保户、五保户且总人口数较少的贫困村而言，"一刀切"地要求贫困发生率降至 2%（西部 3%）以下并不现实。

鉴于国家已经部署明年对摘帽县开展脱贫攻坚普查，全面检验脱贫结果的真实性和准确性，贫困县退出评估应在功能和方式上与之适当加以区别、做到各有侧重。基层同志建议在开展退出评估时，从农村工作实际出发，重点看贫困户是否达到了"两不愁三保障"，适当减少定量评估。同时，进一步明确贫困发生率是贫困县退出的要求，不对每个贫困村作此要求。

二、切实防止因评估而倒逼基层增加额外不必要工作负担或超出实际扩大帮扶范围

各地组织的退出评估普遍设置了村组普查环节，要求抽查村贫困人口漏评率不得高于 2%。基层干部反映，实际操作中判断是否属于漏评主要看住房条件，但目前农村有不少未拆除的危旧住房，由于户主长年在外打工联系不上，或虽已在城镇购房但无法拿出相关证明等种种原因，该户就可能被判定为"漏评户"。比如，

一些位于偏远地区的贫困村，部分非贫困户自行搬迁到邻近市县购房定居，老屋空置且处于危房状态，村干部客观上又难以掌握其在外购置房产情况。为避免有的户被错判为"漏评户"，基层政府只能派干部赴周边市县，花大量精力去逐一核实并取得村民购置房产的相关证明，一些贫困县为避免住房安全"疑似漏评"问题，在全面解决贫困户危房改造基础上，又专门统筹资金改造非建档立卡贫困户危房。

基层同志认为，在脱贫攻坚期前半段，为倒逼贫困县做到精准识别，在扶贫成效考核中引入漏评率是有积极意义和明显作用的。但在已经开展过几轮建档立卡"回头看"、贫困户认定已相对精准、贫困村群众基本认可、脱贫攻坚逐步进入收官阶段的情况下，不宜再强调评估漏评率，否则极易导致贫困县额外增加不必要的工作负担或超出实际扩大帮扶范围。基层同志建议在开展退出评估时，视情取消或淡化评估漏评率。

三、坚决取消行业部门与扶贫无关或直接关系不大的搭车任务

中央明确要求，对贫困县退出验收指标中超出"两不愁三保障"标准的，予以剔除或不作为硬性指标，取消行业部门与扶贫无关的搭车任务。但目前仍有不少省份要求贫困村退出必须要建有综合文化服务中心，包括文化活动室、文体广场、简易戏台、宣传栏、广播器材、体育设施器材等。基层干部反映，在一些地处偏远或者人口较少的贫困村，由于大量群众搬迁等原因，建设综合文化服务中心实际上并没有太大必要，而且利用率也很低，但为满足退出评估要求不得已而为之。

脱贫攻坚解决的是绝对贫困问题，重点确保贫困人口稳定实现"两不愁三保障"，乡村文化服务设施不足等问题应在推动乡村振兴中逐步加以解决。对贫困村退出提过高标准、搞任务搭车，会明显增加贫困县财政负担，不利于攻坚期后轻松上阵、持续发展。只改善贫困村的设施，又没有能力解决其他村的问题，也不利于贫困村与非贫困村之间的平衡。基层同志建议国家有关部门对各省制定的贫困县、贫困村退出验收具体指标予以审查指导，坚决取消与解决"两不愁三保障"无关的搭车任务，确保脱贫攻坚目标聚焦、任务聚焦、投入聚焦。

四、确保评估人员具备相应的能力和水平

目前各地在确定贫困县退出评估组时，有的采取指定委托方式，有的采取项目招标方式，多由高校或科研机构等第三方承接，基本上是专家学者带队，以相关专业研究生为主。基层干部反映，评估组人员知识素养较高、视野开阔，搞评估比较超脱、客观，但其中不少在校学生或缺乏相关专业知识，对农村情况、扶贫工作、相关政策等缺乏足够的认识和了解，有的专家学者也存在理论和实际联系不够的问题，导致评估时存在简单化、教条化倾向，做出的一些评估判断不符合扶贫工作实际，有的甚至与客观事实相悖。

基层扶贫工作十分复杂，评估人员特别是牵头人员不仅要熟悉脱贫攻坚政策要求，还应了解乡土社会情况和农村基层工作，具有丰富的社会阅历和实际工作经验。基层同志建议在确定评估组时，要重视评估组人员的素质和构成，确保其具备相应的能力，提高评估工作质量和水平。可考虑从各级政府部门工作人员中选

派异地扶贫系统工作人员参加，还可考虑邀请人大代表、政协委员、民主党派人士等参与，充实评估力量，拓宽评估视野。对首次参加评估的专家学者和在校学生，应进行系统培训。同时，也要从评估工作独立性、评估报告质量、发现问题及政策建议质量等方面，对各评估组开展监督检查。

五、合理把握评估工作的目的和导向

调研时很多基层干部谈到，脱贫攻坚期间各级扶贫干部尤其是驻村干部不辞辛苦、默默奉献、加班加点开展帮扶，连续几年弦一直绷得都很紧，现在最大的期盼就是所在村最后能够顺利通过退出评估。如果因为群众认可度中个别非贫困户的"差评"，或者由于个别危旧空置房屋没有修缮，导致评估结果不好，搞整改复查、层层问责，那就会让基层扶贫干部"流血流汗又流泪"。还有基层干部反映，有时评估组发现个别问题，在未进行全面深入了解、与基层沟通核实的情况下，就想当然地以点代面，对一个地方的脱贫工作和成效草率下结论。

基层同志建议贫困县退出评估应定位在脱贫攻坚阶段性"体检"，明确主要目的是帮助贫困县更好地开展下一步工作，既要发现问题，也要总结经验。对评估发现的问题，应作为完善工作的指引、不宜作为问责依据，引导贫困县形成正确对待评估的理性预期，将主要精力放在扎实开展帮扶上，防止挫伤基层扶贫干部积极性。要建立评估组与贫困县的沟通反馈机制，评估组对评估过程中发现的问题、得出的结论，应与贫困县及时沟通协调，如贫困县存有异议，应允许其作出解释和说明。

优化完善财政支持政策
促进稳定脱贫和经济社会持续发展

——脱贫攻坚专题调研系列报告之三

高振宇

近几年围绕支持脱贫攻坚，各级政府持续加大财政资金投入，加强资金管理，为各项工作顺利推进提供了重要财力保障。在脱贫攻坚即将圆满收官的情况下，各方面对贫困县摘帽后财政支持政策是否会出现变化，普遍十分关心。近期，我们前往某县对此进行了调研，现提出以下几方面建议。

一、摘帽后应继续保持财政专项扶贫资金稳定支持，并进一步优化贫困县涉农整合资金使用

加大财政资金投入是解决贫困县突出问题的关键手段。近年中央财政持续加大专项扶贫资金投入，2019 年安排 1261 亿元、实现连续 4 年每年增加 200 亿元；省级专项扶贫资金也总体保持增长态势，2019年各省合计投入675.5亿元，比2015年提高114%。同时，积极支持贫困县开展涉农资金统筹整合试点，2016年以来在832个贫困县整合资金累计超过1万亿元，有效改变了以往财政资金投入小而散的状况，集中力量支持了贫困县基础设施、扶贫产业、公共服务等重点领域的建设和发展。从调研的某县的情况看，2017年至今统筹整合涉农资金15.23亿元，在这三个方向上的支出占比分别为42.9%、34.3%、20.2%，促进贫困村、贫困户的生产生活条件发生了显著变化。从各地反映情况看，财政专项扶贫资金投入持续增加和贫困县涉农资金统筹整合使用，对扎实推进脱贫攻坚发挥了至关重要的支撑作用。

摘帽后财政专项扶贫资金政策是否延续、保障力度还有多大，是贫困县普遍关心的问题。根据调研了解的情况，建议从各地实际出发，在贫困县摘帽后设置一定时间的政策扶持缓冲期，缓冲期内中央财政专项扶贫资金和省级专项扶贫资金至少要维持现有支持力度不减，既避免摘帽县扶贫投入急剧下降、影响脱贫成果巩固，也对外释放保持财政支持政策连续性稳定性的明确信号，稳定各方面的预期。同时，其他纳入统筹整合的资金，也要着眼摘帽县巩固和拓展脱贫成果需要，保持相对稳定。主要是因为：基础设施、公共服务等仍是制约贫困县发展的突出短板，后期还须大量投入跟进；很多扶贫产业刚刚起步，发展壮大还需要继续支持。比如，调研的某县为支持林果、中药材、蔬菜等种植业发展以带动脱贫，目前每亩奖补400元。从这些产业发展情况来看，如果摘帽后就取消有关补贴，一些扶贫产业项目将难以为继，可能导致部分已脱贫人口返贫。

同时，建议在贫困县涉农资金整合使用方面，要根据巩固脱贫攻坚成果需要适当进行优化调整。一是赋予贫困县更大资金使用自主权。一些地方同志反映，目前整合资金使用限制仍然偏多，有的扶贫项目资金沉淀较多或者效益偏低，而同时不少当地发展急需项目又缺乏必要的资金支持。建议在脱贫摘帽后，允许贫困县从实际出发优化资金使用方向，合理使用整合资金支持当地巩固脱贫成果急需的项目。二是适当扩大整合资金使用范围。这个县的同志反映，这几年基础设施项目建设主要集中在贫困村，导致一些非贫困村的基础设施明显落后于临近的贫困村。这样的情况在贫困县较为普遍。建议下一步整合资金使用中，要在保障好贫困村后续投入的基础上，适当向非贫困村倾斜，以便于地方更好统筹贫困村和非贫困村发展。三是更好发挥整合资金的撬动作用。要注重用好市场化手段，通过贷款贴息等方式，吸引银行贷款、社会资本等共同支持和参与基础设施建设、扶贫产业发展等。同时，积极加强整合资金绩效管理，进一步完善动态监控机制，保证资金得到高效使用。

二、加大一般性转移支付支持力度，更好保障贫困县财政运转

贫困县财政主要依靠上级转移支付的状况短期难以改变。以调研的某县为例，该县 2018 年一般公共预算收入为 9.2 亿元，但财政供养人员工资支出就约 14 亿元，一般公共预算收入离保障工资发放的缺口超过 1/3；一般公共预算支出为 50.2 亿元，其中 80% 以上依赖上级转移支付；人均一般公共预算收入为 1300 元，仅相当于该县所在省份平均水平的 1/3，不足全国各地平均水平的 1/5。类似情况在贫困县比较普遍，有的贫困县预算支出中上级转移支付占比甚至高达 90% 以上。

建议适当加大上级转移支付规模，确保贫困县"三保"工作不出问题。在中央层面，对各省的一般性转移支付要进一步体现对贫困县的支持。比如，很多贫困县位于重点生态功能区，生态环保任务很重，地方经济发展也受到一些影响。他们希望中央财政进一步加大重点生态功能区一般性转移支付力度，并继续向贫困地区倾斜。在省级层面，要更好发挥统筹协调作用，努力缩小贫困县人均财力与全省平均水平的差距，避免他们在发展水平滞后和财力保障不足方面陷入恶性循环。

三、规范管理扶贫相关债务，有效防范化解贫困县债务风险

由于贫困县财政收支压力普遍较大，他们的地方政府债务风险值得关注。从调研的某县的情况看，该县 2018 年地方政府债务限额 45.8 亿元，地方政府债务余额 38 亿元，同时还有规模大体相当的隐性债务，两者合计约为该县一般公共预算支出规模的 1.5 倍、预算收入规模的 8 倍。从各地情况看，贫困县政府债务管理中存在一些值得重视的问题。比如，有的地方因缺乏合理举债规划造成资金闲置，前段时间审计抽查的 46 个贫困县中有 9 个县 40 多亿元债务资金闲置 1 年以上。有的地方在前期债务没有落实还款来源的情况下，还在继续大规模举借债务。有的地方打着脱贫攻坚的旗号搞变相融资，甚至将举借资金挪借给企业或进行投资理财。有的地方一些隐性债务以拖欠企业工程款的形式存在，导致有关企业不仅难以及时回笼资金，而且要承担大量利息支出；潜在风险还会通过债务链条层层传导，影响地方整体金融环境。

贫困县的债务承受能力比一般地区要弱，政府债务管理应当

更加规范，上级财政亦应加强支持。一是分类平稳处置存量债务。切实加强债务规范化管理，着力保障好债务利息支出，防止政府失信，避免长期拖欠本息拖垮相关企业。二是合理确定新增举债规模。严格执行有关规定，合理控制新增举债规模，避免在无法落实前期债务还款付息来源的情况下继续大规模举借新债。三是适当加大地方政府专项债券支持力度。很多贫困县建设任务仍然较重，在坚决堵住违法违规举债"后门"的同时，要开好专项债券等合法合规举债"前门"。各省在分配专项债券时要适当向贫困县倾斜，支持他们推进发展急需的重大项目建设。四是加强对债务资金使用和偿还情况的监测分析。确保债务资金按举借用途规范使用，防止一些地方打着脱贫攻坚的旗号搞变相融资、挪用债务资金，避免出现一方面"债台高筑"、一方面大量资金闲置。落实省、市、县级政府债务偿还和风险防控责任，特别要发挥好省级政府统筹协调作用，确保贫困县不发生大的债务风险。

增强政策衔接性普惠性
确保金融支持扶贫"活水"不断

——脱贫攻坚专题调研系列报告之四

冯晓岚　　孙国君

随着脱贫攻坚战临近收官，部分贫困地区担心"特惠型"金融扶贫政策一旦撤出，巩固扶贫成果、实施乡村振兴、发展县域经济将面临较大困难。为此，我们赴中部地区某县进行了调研。总的看，这几年金融扶贫工作成效明显，但贫困地区金融发展滞后状况没有根本改观，有必要对金融扶贫政策设定缓冲期，解决目前面临的突出问题，确保金融支持"活水"不断。

一、解决各方对金融扶贫预期不稳、担心政策无法衔接的问题

近年来，各地金融机构加大了扶贫贷款投放力度，2019 年 6

月末全口径精准扶贫贷款余额接近 4 万亿元，小额信贷余额达到 2000 多亿元。某县的扶贫贷款投放余额比 2017 年初增长了 12 倍，对建档立卡贫困户实现扶贫小额信贷全覆盖，不仅为贫困户提供基准利率贷款，还推动降低了非贫困户的贷款成本。但有金融机构指出，扶贫贷款收益低、风险大，离开优惠利率、财政贴息等扶持政策将难以为继，而现行金融扶贫政策存在体系碎片化、前景不明朗等问题，导致金融机构发放产业扶贫贷款时在认定、执行等方面标准不一致，项目选择不够精准，政策效果不够理想。

此外，不少贷款在 2020 年集中到期，地方政府压力很大，对金融扶贫政策能否延续很是担心。某县金融工作局表示，全县扶贫小额信贷中，90% 的"户贷户用"贷款、42.9% 的产业助力贷和 31% 的软籽石榴贷将在 2020 年集中到期，其中 11—12 月到期的"户贷户用"贷款又占全年的 90%，形成还款"高峰"。县财政局表示，脱贫攻坚期内对扶贫小额信贷贴息有政策依据，但对 2020 年尚未到期的贷款合同，以及贷款期不满 3 年、2020 年到期后希望续贷的合同能否贴息还不确定。村镇银行反映，省农信担保公司以脱贫工作快结束为由，拒绝与其对接新增的金融扶贫贷款。

目前距离完成脱贫攻坚目标任务只有一年多时间，要抓紧研究脱贫攻坚和乡村振兴的金融衔接政策。现有的金融扶贫政策不宜骤然退出，建议根据不同政策实施效果和形势要求，分别采取保持延续、稳步退出、逐步扩大等办法，实现从"特惠型"向"普惠型"转变。一是继续执行扶贫再贷款、扶贫小额信贷等优惠政策，保持比支农贷款更优惠的利率，根据贷款主体的生产周期适当延长贷款期限 1—3 年。加强财政部门、人民银行、金融监管部门和扶贫办在精准扶贫贷款方面的数据共享，完善无还本续贷和贷款展期的具体办法。二是对扶贫小额信贷贴息政策，脱贫攻坚期后实行逐步退出、边退边调整，直到利率与普通的农户小额贷款利率大体持平，既能满足农户合理贷款需求，也能避免信贷资源浪费。三是对不良率超标地区暂停贷款发放、实行风险"熔断"等特色做法，在试点基础上逐渐扩大适用范围。完善风险补偿基金使用办法，对合理范围内的贷款损失应补尽补，避免其成为"休眠基金"。

二、解决县域信贷投放规模不大、结构失衡的问题

某县的信贷投放规模和其经济总量不太匹配，全县 2018 年末金融机构贷款余额与当年 GDP 之比为 0.59：1，远低于全国 1.56：1 的平均水平。由于有效信贷需求不足，今年上半年各项贷款较年初增长 4.9%，比全国平均贷款增幅低 2.9 个百分点。全县仅有 8 家银行业金融机构执业，整体存贷比为 54.6%，低于全国 72.9% 的平均水平。其中，农信社的存款、贷款余额在全县占比分别为 51% 和 68%。工商银行、农业银行、建设银行、邮储银行当地支行贷款余额均不到 10 亿元，最多仅到农信社的 10%；其存贷比不仅低于农信社，也低于全县银行业金融机构的平均存贷比（见下表）。

某县商业性银行业金融机构存贷款情况表

时间：2019 年 6 月底 单位：亿元

	全县	工商银行	农业银行	建设银行	邮储银行	中原银行	村镇银行	农信社
各项存款余额	259.11	22.72	21.24	16.68	45.84	9.01	5.42	132.59
各项贷款余额	141.55	9.66	7.88	8.92	2.01	6.92	3.25	96.12
占全县贷款余额比重	1.00	0.07	0.06	0.06	0.01	0.05	0.02	0.68
存贷比	54.6%	42.5%	37.1%	53.5%	4.4%	76.8%	59.9%	72.5%

据了解，大型商业银行无论资本实力还是风险承受能力都有优势，但在县域的覆盖面不大，部分县域仅有农业银行和邮储银行，而且这些大型商业银行依然是农村地区资金"抽水机"，其严控信贷审批权、依靠"白名单"自上而下筛选客户等措施制约了基层机构的自主性。不少银行表示，今年很难完成小微企业贷款增量30%的目标。金融扶贫的责任和风险，因此集中到地方性中小银行身上，中原银行、村镇银行的当地支行存贷比分别为76.8%和59.9%，比四家大型银行支行的存贷比要高。这一格局不改变，势必影响金融业对县域经济的支持力度。

建议继续推动大型银行管理制度改革，引导其加大对贫困地区的信贷投放，改善县域贷款投放失衡状况。一是向银行县域分支机构进一步下放贷款审批权，提高企业贷款和个人贷款审批限额。二是鼓励银行积极发掘潜在客户，建立支行"自下而上"和总行"自上而下"双向推荐相结合的客户管理制度，扩大合格客户范围。三是监管部门从修订完善考核指标着手，引导大型银行提高在县域的存贷比，对容忍范围内的不良贷款实行尽职免责。

三、解决金融风险底数不清、信用环境亟待优化的问题

随着经济下行压力加大，不少县域面临一些突出金融风险。一是企业担保圈风险。担保圈在部分县域普遍存在，越是经济不发达地区，银行越倾向企业以抵押担保方式获取贷款。如某县以企业保证担保方式发放的贷款占贷款余额的70%左右，存在互保总金额超过60亿元的若干个企业担保圈，纵横交错、结构复杂，一旦某家企业发生资金链断裂或违约，风险就会迅速蔓延扩散，经营正常的企业也会被"拉下水"。二是贷款投放过于集中的风险。

目前，农信社一家机构承担全县大部分贷款投放，其存贷比和不良率已接近75%的监测指标和5%的不良率"红线"。如果出现贷款集中违约或大范围坏账，农信社将深陷风险"漩涡"，不排除地方金融出现"崩盘"的可能。三是扶持政策减弱带来的信贷风险。对于那些市场前景不佳、经营能力不强的贷款主体，如果扶贫政策力度减弱，很可能面临经营成本增加和偿债能力恶化，进而导致金融机构不良贷款上升。加上部分地区对扶贫贷款重发放、轻偿还，政策宣传方面也有不足，容易形成过度负债的风险，一些贫困户存在"因债返贫"的可能。

为了巩固脱贫攻坚成果和缓释金融风险，建议针对上述情况摸清风险底数，做好应对预案。一是由金融监管部门统筹负责，对县域企业担保圈、担保链等情况全面摸底排查，有序分类处置短期风险、"解圈断链"；同时建立风险防控长效机制，限制非关联企业担保行为，推动地区金融信用环境建设。二是对城商行、农商行、农信社等地方中小金融机构加强监测，密切关注风险状况，及时提示预警。三是加强对金融扶贫、涉农金融服务、小微企业金融服务等政策的宣传解读，帮助广大扶贫干部和贫困户知晓和掌握相关政策。

加强基础设施建设 增强贫困地区发展后劲

——脱贫攻坚专题调研系列报告之五

龚健健　　杨诗宇　　孙国君

加强贫困地区基础设施建设，不仅有利于稳投资、扩内需，也是巩固脱贫攻坚成果、推进乡村振兴、促进县域经济持续发展的客观需要。近年来，贫困地区大力加强基础设施建设，农田水利、道路交通、能源、通信、公共服务等设施条件明显改善，有力加快了脱贫攻坚进程，但也还存在着对经济发展支撑不够、建设筹资难、运营管护难等问题，值得高度关注。

一、贫困地区基础设施总体依然落后，亟须整体布局、重点推进

从调研情况看，不少贫困地区由于地理位置偏远等原因，基础设施建设难度大、成本高，仍然是制约发展的突出瓶颈。

主要表现在：一是交通基础设施落后仍然是阻碍县域经济发展的第一道坎。以某县为例，由于没有纳入上级部门规划，多条高速公路、铁路都绕县城而过，刚开工的高速也要到2022年才能通车；因南水北调淹没，库区周围路网结构被破坏，不少县乡道路成为断头路。内外连接不通达，严重影响生产要素集聚和经济发展。当地有的企业反映，与其设在邻县的工厂相比，本地工厂物流成本要高出近30%。二是支撑产业发展的基础设施短板突出。贫困地区的产业除工业以外，多以农业、林果业为主。从某县情况来看，现有石榴、杏李、核桃等林果业30多万亩，但由于缺乏水利灌溉基础设施，多数都是靠天吃饭，加上缺乏冷藏保鲜、精深加工等配套设施，产后损失率较高，上市销售时间受限，产业发展效益还有很大提升空间。三是部分保障民生的基础设施还无法满足需求。贫困地区普遍财力紧张，对公路、电力、饮水、防洪等设施很难做到统筹兼顾。比如某县作为南水北调中线水源地，县城供水却依赖深层地下水，今年因干旱造成地下水位下降，打井需比往年多打25米，一些贫困村已经解决的饮水问题又重新显现。

当前，贫困地区正处于增强经济发展后劲、推进脱贫攻坚收官的关键时期，亟须继续加强基础设施建设。一是在区域交通基础设施规划布局上，要加强对贫困地区的支持。在铁路线路、公路国省道规划建设时，要优先考虑贫困地区。规划建设高速公路时，要一体规划修建通往贫困地区的连接线。二是提升基础设施的系统支撑能力。调研中一些干部反映，对于贫困地区常常是"锦上添花"的小项目多，"雪中送炭"的大项目少。应多从民生和产业发展急需、便利人口集聚等出发，提前统筹谋划贫困地区供水、防洪、水利灌溉、冷链物流等基础设施。三是基础设施建设标准应因地制宜。既要有一定的前瞻性，也不能盲目追求高大上。调研中发现，有的地方要求贫困村道路路基不能超过4.5米，而以前的"村村通"公路就有六七米，新修道路反而更窄；有的地方如个别山区道路使用砂石料就能解决，但却要求修水泥路，造成浪费。

二、加快完善投融资体制机制，破解基础设施建设融资难题

当前，贫困地区基础设施建设需求既集中又紧迫，需要筹集大量资金。这方面，基层同志反映主要有两个问题。一是在资金筹集上，要求地方配套比例高。上级部门审批地方基础设施项目时，一般都要求地方提供配套资金。这有其合理性，但由于贫困地区自身财力不足，结果往往导致很多项目难以落地。以某县为例，在基础设施建设方面县里项目平均配套比例达43%。当地有同志反映，之前公路水利建设项目资金一般是地方配套30%，现在部分项目达到70%。二是在资金使用上，涉农资金整合用途受限。近年来，某县在整合涉农资金支持重要基础设施建设上积极探索，有效解决了项目支离破碎和重复建设问题。但地方同志反映，按照目前相关规定，涉农整合资金在用于道路建设时，只能用于贫困村之间通村道路建设，不允许用于修建县乡公路及通往非贫困村的道路，使得乡村对外主要通道公路等级低、质量差，通往非贫困村的断头路频现，并没有从根本上解决贫困村的交通问题。

推进贫困地区基础设施建设，必须完善投融资体制机制，尽可能吸引社会资本参与。对于以政府投资为主的项目，要提高资金使用效率。一是适度降低项目配套资金的比例要求，赋予县级部门更多自主权，在加强财政绩效管理基础上，让县级主体决定

资金重点投向。二是扩大贫困地区政府专项债券的资金使用范围，鼓励专项债券支持道路交通、水电气热等市政设施和农村基础设施，以及水利、污水处理、生态环保等有一定收益的公益性项目；同时，引导金融机构配合专项债开展项目配套融资，保障后续资金。三是推进土地增减挂钩节余指标跨省交易融资，在限制规模量级、确保风险可控的条件下，尝试拓宽贫困县节余指标交易范围，拓展筹资渠道。

三、提高运营管护能力和水平，促进基础设施有效发挥作用

"重建设、轻管护"是贫困地区基础设施建设方面存在的通病，尤其是农村基础设施常常因为缺乏资金和专业运维人员造成维护不当、出现毁损，影响设施的正常运转和使用。比如，某县为了"保一渠清水永续北送"，在县城和乡镇投资建设多座污水与垃圾处理设施，后续管理维护费用每年近7000万元，运营管护资金筹集压力较大。又如，某县目前列养的干线公路近400公里，其中有200多公里干线公路已投入运营但还未验收，养护经费存在较大缺口，人员工资都无法保证，致使路面病害多发，降低了通行效率，也影响道路安全。再如，点多面广的农田水利基础设施，由于没有明确的管护单位和经费，加上缺少专业维护人员，影响了农田水利工程效益发挥。

基础设施运营管护不到位、水平不高，归根结底是没有建立多方参与、利益共享、费用分担、长期持续的运营管护机制。建议以提高设施利用效率、延长设施寿命为目标，注重建设与管护相结合，完善运营管护机制，确保一朝建成就能长期受益。一是

在基础设施项目设计阶段就将运营管护纳入规划，通过"建管一体"，合理安排资金和参与方，在项目验收阶段同步验收运营管护机制是否到位，实现项目全生命周期管理，提高基础设施的运行效率和运营质量。二是按产权归属落实各参与方责任，强化村级组织和运营企业的管护责任，鼓励引导村民主动参与设施管护，通过以奖代补等方式调动农民积极性。三是根据各地经济发展水平和基础设施特点分类选择管护模式，有收益的基础设施项目要积极引入专业化、市场化主体参与，在分享受益的同时建立管护费用分担机制，对收益不足以弥补运营成本的，可由政府对运营企业给予合理补偿；没有收益的非经营性设施可更多采用政府购买服务的方式，提高运营效率，降低维护成本。

分类施策培育壮大贫困地区产业

——脱贫攻坚专题调研系列报告之六

张顺喜　李钊　杨春悦　梁希震

发展产业是实现稳定脱贫的根本之策。贫困地区产业基础薄弱，产业发展壮大需要一个长期过程。脱贫摘帽后，支持产业发展的政策力度、工作力度都不能减，但各地情况千差万别、产业类型多种多样，应因地制宜、分类施策。最近，我们到某县对此进行了实地调研。从调研情况看，培育壮大贫困地区产业，应分门别类采取相应举措，着力发展壮大一批近年新培育的扶贫产业、改造提升一批原有支柱产业、充分挖掘一批特色优势产业。

一、对近年新培育的扶贫产业要继续予以扶持，着力增强其自我发展能力

脱贫攻坚以来，贫困地区培育了一批产业，对促进贫困人口脱贫和区域经济发展发挥了重要作用。但目前这些产业总体上仍处在起步期，自身发展能力还不足，没有形成完善的产业体系，很大程度上靠政策支持和外部帮扶，完全走向市场还面临许多困难和制约。脱贫摘帽后，要让这些产业在巩固脱贫成果、促进增收致富中发挥应有作用，必须想方设法加快提高自身市场竞争力，不能总是依赖特殊支持。比如，有的地方依靠政策扶持上马大批花木瓜果、食用菌等种养项目，产品差异度不大，缺乏深加工等高附加值环节，同类产品大量上市后市场价格大幅下跌，导致"菜贱伤农""丰产不增收"的情况时有发生。有的贫困地区地处偏远，产业配套设施欠账较多，在市场竞争中处于天然劣势。某农产品电商企业反映，由于缺少仓储保鲜、分拣加工、冷链物流等配套设施，公司接到订单后，要分散到各个种植基地寻找货源、分拣配货，成本很高，去年就因此赔了几十万元。

产业能不能在市场竞争中生存，主要取决于能否获得持续稳定的收益。建议加快把贫困地区扶贫产业发展重心从上项目转到提效益上来，注重市场风险防控，努力让更多项目活下来、发展好。要以市场需求为导向，大力延伸产业链条，积极拓展深加工、网络销售、观光旅游等高附加值环节，促进一二三产业融合发展，增强项目盈利能力。要发挥龙头企业和产业大户引领带动作用，将一些市场前景好、发展模式相对成熟的扶贫产业项目，逐步由贫困村向其他地方推广，产生规模效应和集聚效应，加快形成有市场竞争力的县域产业集群。要结合当地产业布局，加快完善仓储保鲜、冷链物流、货物转场、城市配送等产业配套设施，帮助企业提升生产效率、降低经营成本。

二、对支柱产业要加大改造提升力度，努力保持和增强其市场竞争优势

经过多年发展，部分贫困地区已经形成了一些优势支柱产业，有效带动了贫困人口脱贫。脱贫摘帽后，繁荣县域经济、巩固拓展脱贫成果，仍然需要这些产业继续发挥作用。当前，一方面，科技革命、产业革命风起云涌，新技术新业态新模式日新月异；另一方面，中美经贸摩擦仍在持续，国内经济下行压力加大，贫困地区这些支柱产业要在复杂严峻的市场环境中继续保持优势，必须走创新驱动发展之路，依靠创新实现转型升级。某县汽车零配件产业就是这方面的典型。作为某县的工业主导产业，在近年来整个汽车行业下滑的情况下，汽车零配件产业却能一枝独秀，主要靠创新。像当地龙头企业浙减公司，着力在自主创新上下功夫，在主打乘用车减震器的基础上，积极开发其他产品。今年上半年，公司传统产品产销量同比下降，但新业务同比大幅增长。当然，贫困地区类似这样具有创新优势的企业还不多，大多数企业和经营主体创新能力明显不足。调研中许多企业反映，高端人才引进难、留住难等问题十分突出，创新能力弱已经成为制约企业转型升级的最大瓶颈。

与其他地区相比，贫困地区推进产业转型升级面临的困难更多，需要给予更多的倾斜支持。一是多措并举引进外部人才。借鉴"千人计划""星期天工程师""政府发展顾问""金融副县长"等方式，支持贫困地区实施人才弹性引进计划，通过人才引进奖补、特殊津贴、股权激励等方式，加快引进产业转型升级急需的人才。二是支持当地科研单位积极参与本土传统产业改造提升。某县一

家食品公司通过引进本市一家学院的低盐发酵技术，将调味酱含盐量由 25%降至 6%—10%，有效提升了产品品质、拓宽了市场销路。所以，要注重发挥当地科研机构作用，通过完善成果转化、收益分配、参股入股等政策，促进产学研协同发展。三是激发贫困地区经营主体创新动力。加大创新奖励支持力度，在用地用能、创新平台培育、智能化改造、绿色发展等方面给予政策倾斜，鼓励运用新技术新业态新模式改造传统产业，保持和提升核心竞争力。

三、积极挖掘当地资源禀赋，加快培育一批区域特色优势产业

贫困地区大多位于丘陵、山地、高原，生物资源丰富、生态环境优良、民族风情独特，具有丰富的特色优势资源，很多甚至是独一无二的，只要开发利用好了，完全能够做到以特取胜。近年来，某县围绕南水北调核心水源区打造生态品牌，围绕渠首所在地、楚国发祥地打造观光旅游品牌，辐射带动生态经济和旅游产业发展，取得了积极的效果。但调研中也发现，目前当地的土蜂蜜等特色资源还没有开发出来形成规模，南水北调核心水源区等区域品牌价值有待进一步发挥。

改变这一局面，要着力改善营商环境，不断激发市场主体活力和社会创造力。在这方面，一些贫困地区还有不少差距。比如，有的地方政策多变，2 年内 3 次变更水泥企业除尘标准，企业共投入近 5000 万元改造环保设施，意见很大。有的园区反映土地报批流程复杂、时间过长，从企业选定厂址到拿到土地证一般至少需要 6 个月，严重影响项目落地，甚至导致有意向的企业落户别处。

有的地方奖补政策迟迟没有兑现，影响企业发展信心。有的企业根据市场需求多开了几条生产线，因为没有及时向电力部门申报，就要被处以高额罚款。这些政府管理中的桎梏，导致很难吸引市场主体来投资兴业。

促进贫困地区产业发展，要扬长避短，走"特精专"的发展路子。建议贫困地区坚持差异化竞争战略，依托本地资源禀赋积极培育新产业新业态，积极利用"互联网＋营销推广"，集中宣传推介本地特色农产品和旅游资源，持续加强区域公共品牌建设，加快把特色资源优势转变成产业市场竞争优势。贫困地区的资源禀赋、区位条件等硬环境短期内难以改变，但改善营商软环境、创造特色产业发展条件却大有可为。建议贫困地区努力巩固和强化在土地、能源、用工等方面成本低的优势，提高政府服务质量和办事效率，做到经营成本比其他地区更低、投资兴业便利度比其他地区更高，切实为各类市场主体解决生产经营困难，让企业投资更加省心、经营更加安心。

加大技能培训支持力度
为稳定脱贫和县域发展提供支撑

——脱贫攻坚专题调研系列报告之七

王存宝　　姜秀谦

加强技能培训，无论对贫困群众脱贫致富，还是为乡村振兴提供人力人才支撑，都有十分重要的作用。在某县调研发现，该县虽然广泛开展了培训，但很多贫困群众未将培训成果转化为有效就业，从事的工作大多技能要求低、稳定性差、收入不高，稳定脱贫难度不小。基层干部群众希望国家在开展大规模技能培训工作中，加大贫困地区技能培训力度，提高就业脱贫质量。

一、把贫困劳动力作为技能培训的重点

贫困劳动力技能水平普遍不高，据有关调查数据，贫困劳动力中具备一定技能水平的还不足10%。据某县有关部门介绍，该

县有就业能力和意愿的贫困劳动力 2 万人左右，其中有 55% 参加过政府补贴性培训，扩大培训的空间还很大。进一步加大技能培训，对于帮助贫困人门就业和稳定脱贫十分紧迫。

当前全国正在开展职业技能提升行动，建议更加突出对贫困劳动力的培训。一方面，加大对贫困劳动力培训的支持力度。目前用于技能培训的 1000 亿元失业保险基金结余，可通过省或市级调剂余缺方式对贫困劳动力培训给予适度倾斜。将尚未脱贫特别是未接受过培训的贫困劳动力全部纳入职业技能提升行动支持范围，通过政府购买服务或项目制方式给予免费培训。在现有培训规模基础上，力争在全面脱贫前普遍培训一遍，实现应培尽培。同时，对建档立卡贫困劳动力建立技能培训档案，实施终身职业技能培训，持续提升技能水平，促进稳定就业。另一方面，统筹整合分散的培训资金资源。从现有培训资金来源看，除了用于培训的失业保险基金结余外，还有就业补助资金、职业教育经费、新型职业农民培育资金、产业资金等用于培训的项目，资金和培训的组织分散在教育、人社、农业农村、文化旅游、住建和群团组织等部门。建议在保持现有职能分工不变基础上，实施统一的贫困劳动力培训规划，增强技能培训的整体性和协调性，形成握指成拳的合力。对各类培训资金，应统筹相关部门资金在培训地区、内容和对象上进行精准投放，避免培训小散短弱和多头重复培训。

二、强化技能培训的企业需求导向

技能培训与市场需求和就业岗位衔接不紧密，促就业的效果不明显，成为开展技能培训面临的一大难题。从某县的情况看，入门型的初级技能培训偏多，比如焊工、电商、烹饪以及农业实用技术培训等。培训后就业质量总体不高，据介绍，除公益岗位安置的1万多人外，在本地就业的约3000多人，月工资1800元左右。同时，当地一些生产汽车零部件、耐火保温材料、管业等制造类企业反映，生产急需人才的培训做得还不够，可用之人不好找。虽然在培训上花费不少精力，但很难形成有效就业，群众不买账，企业也不满意。

提高培训促进就业的有效性，实现"产销对路"，关键是强化培训的企业需求导向。建议更好发挥贫困地区企业特别是龙头企业参与培训的作用，加大对他们兴办职业教育培训的支持力度。应鼓励支持建设职工培训中心或与职业（技工）院校合作办学，承接更多的政府补贴性培训。对符合有关条件的，优先纳入产教融合型企业目录，加大税收优惠和教育费附加抵免等支持力度，充分调动大企业兴办职业教育培训的积极性，培养更多县域经济发展所需的人才。对贫困地区企业缺乏培训能力的，大力开展定向委托、订单式培训，扩大企业新型学徒制等培训规模，提高培训与就业衔接的精准性。

三、以技能培训打造具有竞争力的劳务品牌

对于以外出务工为主要收入来源的贫困地区群众，形成品牌效应的劳务更有竞争力。比如，青海化隆县依托牛肉拉面这一民族饮食打造青海化隆牛肉拉面师劳务品牌，已带动1.6万人实现脱贫，山西7000多名"吕梁山护工"走出大山实现就业等。某县约有20万人外出务工生活，但分散性就业多、有组织的劳务输出少，很多采取打零工的方式，换工作较为频繁，从事的也多是对技能要求不高的建筑业、代工企业或生活服务业，缺乏品牌和竞争力。

虽然有关部门对部分贫困地区的劳务品牌做了征集和推广，但总体看，贫困地区劳务组织化、品牌化还远远不够。

劳务品牌的培育要和市场需求、产业发展、劳动力自身情况结合起来，实行量体裁衣式培训。一是聚焦市场需求打造劳务品牌。特别是就业门槛低、量大面广、用工稳定的服务业。比如，养老、托幼、家政等民生服务需求巨大，但专业人才严重短缺，据预测，到2020年仅家政和养老护理服务的专业人员缺口就有2000万人。可系统梳理职业种类和缺口，遴选出若干适合贫困群众年龄和文化层次、技能基础、就业意愿的工种，有针对性地组织开展培训。二是体现规模性和差异性。至少要在县或市范围内形成一定规模的从业人数，并通过培训提升专业化水平，使品牌能够叫得响。同时也要体现差异性，打造"一县一技"，不同地区尽量避免同质化培训，即便是同一行业的劳务，也要更多地在专业细分领域做文章，比如建筑领域的瓦工、木工等。三是加大劳务品牌推广。充分利用各类招聘网站、就业服务机构信息发布渠道，强化劳务输出机构、技能培训机构和用人单位劳务信息有效衔接，形成就业培训一站式格局。

四、大力提升区域性技能培训能力

目前全国共有各类中高职业院校（含技工院校）1万多所，但中高职院校各项办学条件均达标的较少，贫困地区的职业院校培训基础尤其薄弱。在某县调研发现，当地有信息工程学校和电子中专两所中职学校，一年能承接的政府补贴性培训在2000人左右，与2万人的培训需求相比差距较大。民办机构发育也不健全，除了教育、艺术、驾校等培训机构外，其他专业技术类的培训机构很少，规模也不大。

职业院校是技能培训的基础，也是提高贫困劳动力特别是贫困学生职业技能水平的重要途径。一是保障贫困县基本的培训能力。应在保证每个县都有一所职业院校基础上，适度加大财政投入倾斜力度，加强师资能力建设，开发适应市场需求的培训课程，推广"职业培训包""互联网＋"等培训方式，着力提升教育培训水平。二是大力推动培训资源的集约化利用。把投入重点放在提升区域性技能培训能力上，依托优质职业（技工）院校加快建立若干区域性的公共实训基地，加强实训设备建设，共享技能培训资源，实现对多个贫困县的辐射带动。在坚持就近就地培训为主的同时，进一步用好东西部职业院校协作等机制，加大对中高级技能人才培训力度，形成初中高级培训相结合的梯队结构。

防范化解医保基金支付风险 增强持续稳定支撑能力

——脱贫攻坚专题调研系列报告之八

王敏瑶　　姜秀谦

　　看病贵特别是大病负担重,是贫困地区致贫返贫的重要原因,像某县因病因残致贫人口比例超过68%。实现贫困人口基本医疗有保障的目标,既要提升县域服务能力、让群众有地方看病,又要织密织牢基本医保网、让群众看得起病。近年来,许多地方高度重视健康扶贫特别是医保扶贫工作,提高贫困患者医保报销比例,探索对部分慢病大病病种实行特殊保障。某县一方面推动基本医保向贫困人口倾斜,另一方面多方筹措资金设置多重保障体系,显著减轻了贫困患者看病就医负担。但调研中我们也发现,贫困地区医保筹资水平较低,群众罹患大病的风险较高,医保基金支出压力很大,甚至面临"崩盘"的可能,很多苗头性、趋势性问题值得高度关注。

一、贫困地区医保基金运行风险快速加大

医保基金的安全稳定运行是卫生健康事业可持续发展的基础保障，更是巩固健康扶贫成果的重要支撑。从全国情况看，基金安全不容乐观，2018 年居民医保 670 个统筹地区有 183 个当期结余为负数。贫困地区由于筹资水平低、财政实力弱，防范基金运行风险的难度更大。据了解，西部某省 34 个贫困县医保基金当年收不抵支。中部某省各级政府对贫困人口医保扶贫政策"层层加码"，部分贫困县基金运行难以为继，不得不在"摘帽"后一次性取消了所有地方性政策。从某县情况看，2017 年以来城乡居民医保人均筹资标准每年上调 70 元，今年达到 740 元、当期筹资 4.49 亿元，但医保基金仍连年超支，超支金额快速上涨。2017 年统筹基金超支 595 万元，结余 1.02 亿元；2018 年超支 6591 万元，结余 3062 万元；根据今年上半年情况推算，预计全年超支 1.05 亿元，不仅会用光全部累计结余，还要透支近 7500 万元。据了解，造成这一问题的原因主要包括：

一是参保人数减少，特别是青壮年比例下降。2018 年某县参保 62.08 万人，今年参保 60.64 万人，减少了近 1.5 万人。调研中不少居民反映，对于农村 4—5 口之家而言，参保意味着每年千元左右的支出，是不小的负担，很多身体状况较好的青壮年缴费意愿低。

二是医保扶贫政策叠加，贫困户小病大治的情况比较普遍。某县共有各级建立的七次报销制度，除国家规定的基本医保、大病保险和医疗救助外，还包括省级统一建立的大病补充保险和市级建立的医保救助工程、特殊医疗救助、"政福保"工程。据了解，

经过七次报销，贫困户的住院费用报销比例可达95%，有些甚至基本实现100%报销。很多贫困户认为住院吃住有保障、空调暖气一应俱全，以种种理由延长住院。医疗机构也乐见其成，以增加业务收入。今年上半年贫困患者住院报销12435人次，医保基金支付4423.3万元，分别同比增加37.3%和42.4%，占全县医保基金住院报销支出的20.3%、同比增加4个百分点左右。

三是慢病诊断比较宽松，报销人次增长过快。2017年，某市将19个病种纳入门诊慢病管理，不设起付标准，按照65%的比例报销，对贫困人口报销比例提高至85%。今年5月，某县集中开展慢病鉴定清零行动，将39960名贫困患者纳入慢病管理范畴，占贫困人口总数的41.4%。调研发现，贫困人口中确实慢病患者比例较高，但也存在因诊断不严格导致人数虚高的问题。以高血压为例，按照规定需要非同日3次测量诊室血压，并经副主任医师以上人员初审、现场体检、复审等程序后，方能提出诊断意见。然而实际操作中，不少乡镇卫生院的主治医生仅凭一次测量结果，便在贫困户的要求下将其纳入高血压患者管理。今年上半年，贫困患者门诊慢病报销74583人次、报销费用953.7万元，而去年同期仅为10284人次和105.1万元，同比分别增长625%、807%。预计下半年报销人数将进一步攀升，全年报销费用可能超过4000万元。

四是外地就医患者占比偏高，报销费用较多。与县域内相比，在城市大医院就医费用大幅增加。某县医保住院报销患者中，县外就诊的占15%左右，但花费的医保资金占30%左右。县外就诊率偏高，既有贫困地医疗水平不高的因素，也与部分患者预期过高、常见病也要去大医院就诊的心态有关。县人民医院一位医生跟踪调查了一位乳腺良性结节患者转诊报销情况，该疾病的诊断治疗都相对容易，在本院只要花费 4000 元左右即可；但该患者坚持转到省会大医院治疗，最后医药费 2 万多元，加之食宿、交通费用，花费更高。另外，某县是一个劳务输出大县，约有 20 万人在外务工生活，其中很多人都办理了异地就医手续。县外就医患者中，在外务工人员约占 60% 左右。他们得病后按照就医地（多为大城市）的报销范围和某县的报销比例（相对较高），报销金额普遍较高。

五是不同程度的过度医疗，占用了宝贵的医保资源。近两年，某县住院率快速上升，2017 年和 2018 年分别为 16.4% 和 18.1%，预计今年将突破 20%、超过全国平均水平。其中不仅有贫困户赖床住院的问题，大量非贫困人口的住院率也在上升。我们查看了县人民医院的有关数据，2018 年和 2019 年（预计数），出院人数分别比上年增长了 20% 和 12%，住院收入分别增长了 26% 和 19%，然而同期县外就诊率并没有下降，不排除将部分不需住院，或可以在乡镇卫生院住院的患者收治在县医院。另外，也有同志反映，个别民营医院存在骗保问题，给医保基金带来了一定损失。

二、医保基金超支影响卫生健康事业可持续发展

为了解决医保基金超支问题，许多地方医保部门实行严格的总额控制，但总控额明显低于实际报销支出，差额部分需要医疗机构垫付。大量医保欠费严重影响了医疗机构健康发展，水平高一些的市县级医院只好想方设法"做大"自费项目，进而加重了患者负担；乡镇卫生院则生存艰难，很多连工资都不能全额发放。比如，某县根据 2014—2016 年医保基金支付情况测算每个医疗机构的总控额度，远低于当前实际需求。县人民医院今年上半年医

保基金应支付 7500 万元、实际拨付只有 3194 万元，西簧乡卫生院上半年医保基金应支付近 120 万元，然而全年的总控额度只有 108 万元，医院维持正常运转压力很大。

三、多措并举确保医保基金运行安全

解决医保基金超支问题既需要长短结合，将健康扶贫标准控制在适宜范围，逐步提高医保基金保障能力；又要供需兼顾，加快提升医疗机构服务能力，引导规范患者理性就诊。结合调研情况，提出如下建议：

第一，稳妥有序推进健康扶贫有关政策待遇更趋合理。据了解，现有的健康扶贫政策大多于 2020 年到期，之后的政策走向是各方面都很关心的问题。从实际情况看，提高贫困户医保报销比例是必要的，但比例过高也会引发道德风险，消耗大量医疗医保资源；针对贫困户建立的多层次补充保险制度，主要由财政出资，也给地方财政带来一定负担；而且贫困户与非贫困户之间实际报销比例相差 30 个百分点左右，还会引发社会矛盾。不少基层医务工作者反映，现有贫困人口即便脱贫，在一段时间内因病致贫返贫的可能性仍然高于非贫困人口。建议对现有优惠政策设置 3 年左右的过渡期，逐步降低报销比例，减少额外保险的政策和项目。长远来看，要从制度上防止因病致贫返贫，必须充分发挥医保的风险分担作用，不断加固包括基本医保、大病保险、医疗救助在内的多层次保障网。对特困群体给予一定倾斜性支持符合国际惯例和我国国情，但也要把握"保基本"的功能定位，严把报销范围和标准，不能随意开口子、吊高"胃口"。

第二，处理好医保政策中普惠性政策和特惠性政策的关系。

近年来，各地针对疾病负担重的部分病种，相继出台了一些医保报销政策。如西部某省对农村贫困人口确定了30个大病救治病种。河南省也在城乡居民医保中，建立了门诊慢病、重特大疾病保障制度，具体实施办法由各地市制定。南阳市将19个病种纳入门诊慢病管理，将33个住院病种和35个门诊病种纳入重特大疾病保障，不设起付线，在限价标准内按比例报销。这些举措确实缓解了群众看病贵，但有的病种花费较高，如门诊慢病管理中的异体器官移植术后治疗，每月报销限额在3200—4800元，给医保基金带来较大负担。与此同时，针对特定病种和特定人群的特惠性政策过多，必然会侵蚀统筹基金提供普惠性保障的能力。事实上，我国在2012年启动建立大病保险之时，选择按照患者支付金额设置大病标准，而非针对特定病种予以保障，就是为了兼顾不同患病群体之间的公平性。建议国家层面加强统筹协调，指导各地遴选发病率高、单病种金额可控的病种纳入特殊保障范围，数量不宜太多；新增筹资主要用于提高统筹基金和大病保险保障能力，确保医保制度的公平普惠。

第三，多管齐下减轻县外就诊对医保基金带来的支出压力。从某县的情况看，导致县外就诊率较高的因素比较复杂，需要有针对性地综合施策。首先，提高县域就诊能力是降低转出率的治本之策。我们专程调研了远程医疗对提升县域医疗服务能力的作用，发现目前远程医疗仅能开展资料传输和病例讨论，每年开展的病理诊断只有五六十例，会诊病例三四十例。医生们认为虽然对提升诊疗水平有帮助，但效果还不明显。这其中既有医院信息化水平不高、网络基础设施建设滞后等因素，又与缺乏相关收费和医保支付机制有关。要促进远程医疗更好发挥作用，必须加快提高医院信息化水平和装备保障能力，改造提升传输网络，促进物联网、虚拟现实等新技术手段的广泛应用。同时完善医保、价格、收入分配等激励机制，调动好各方面的积极性。其次，要完善分级诊疗制度，落实好各级医疗机构的功能定位。一些常见病患者选择县外就诊，既与他们对县域诊疗水平的不信任有关，也与一些大医院规模扩张太快、对基层患者产生"虹吸"效应有关。建议通过绩效考核、医保支付等杠杆，促进各级医疗机构切实履行功能定位，强化分工协作。一些地方探索明确各级医院的病种诊疗范围，对下级医院有能力治疗、但实际由上级医院治疗的病种，医保不予报销或显著降低报销比例，这一经验值得借鉴。同时，要进一步完善不同级别医疗机构的医保差异化支付政策，促进患者在基层首诊获得更多便利和实惠，有效引导和约束患者就医行为。最后，针对部分贫困地区劳务输出较多的实情，要从机制上缓解外出务工人员异地就医花费医保基金较多的问题。建议国家层面密切关注实施异地就医直接结算后的医保资金流向，加强地区间统筹平衡，探索对筹资水平低、资金外流明显的地区给予一定的风险补偿。

第四，贫困地区"硬件"提升要适宜、"软件"建设要加力。贫困地区卫生健康事业欠账较多，软硬件都存在"补短板"的问题，但软件提升更是健康扶贫可持续的重要支撑。一些贫困地区在医院建设和设备配置等硬件方面标准过高，形成高额债务和医疗资源闲置，而在留人留心、培训培养、能力提升等软件建设方面却相对滞后。其中一个突出问题是医务人员收入待遇不高。从某县情况看，县级医院医生平均月收入为4000多元，乡镇卫生院医生为2000多元，一些村医只有1000多元。待遇低导致吸引人才、留住人才都很困难，近5年县级医院仅招录了3名二本毕业生，其余招录的本科生均为三本或专升本；乡村两级的医生流失更为严重。基层网底薄弱，加剧了病人上转，进而给医保基金带来更大压力、形成恶性循环。建议贫困地区调整卫生健康事业投入结构，将"硬件"投入控制在适度范围内，严格执行县级医疗机构建设和设备配置标准，倡导使用适宜技术；将更多资源向"软件"建设倾斜，提高医务人员收入待遇水平，加大人才引进和培训培养力度，促进县域医疗卫生事业健康可持续发展。

着力完善驻村帮扶工作长效机制

——脱贫攻坚专题调研系列报告之九

刘一鸣

　　向贫困村选派第一书记和驻村工作队进行帮扶是脱贫攻坚的一项重大措施。目前，全国县级以上机关、国有企事业单位共选派驻村工作队 24.2 万个、驻村干部 90.6 万人，其中第一书记 20.6 万人，他们同乡镇、村社干部一起构成基层脱贫攻坚的中坚力量。我们对某县驻村帮扶工作进行了调研，走访贫困村并对多位驻村干部进行访谈，现将有关情况报告如下。

一、驻村干部发挥了不可替代的帮扶作用

　　作为中部某省四个深度贫困县之一，某县着力选准、配强、管好、激活驻村干部队伍，现有各级选派的驻村第一书记 188 名，其中中央和国家机关派驻干部 1 名、省派干部 4 名、市派干部 13 名、

县派干部 170 名，驻村干部共计 520 名。从调研情况看，某县驻村帮扶工作有序开展，产业扶贫、教育扶贫等工作形成地方特色，驻村干部的作用发挥受到普遍肯定。

在建强基层组织上，驻村干部是农村党建工作的一个"发动机"。目前，某县驻村帮扶队伍平均年龄 40 岁，比村干部平均年轻近 10 岁，大专以上学历达 91%，成为基层管理的一支年轻力量。驻村干部帮助健全了村"两委"班子，有效解决了部分村"两委"班子不团结、软弱无力等问题，为全县脱贫攻坚夯实了最基础的组织保障。在促进产业发展上，驻村干部是产业扶贫的"引路人"。某县将驻村干部精准扶贫的责任细化到产业项目上，重视培养贫困户的自我发展能力。驻村干部熟悉所在村情况后，大多能快速找到产业脱贫的门路，并充分利用自身的学识、经验和社会关系，帮助贫困户解决产业发展资金、联系技术人员、提供市场信息等。很多驻村干部在此过程中也成长为"土专家"，提高了贫困户生产经营的效益。同时，驻村帮扶干部在脱贫攻坚一线也得到了历练，在推动发展、做群众工作、解决基层各种"疑难杂症"等方面有了很大提升，一大批干部成长起来。

二、驻村帮扶工作面临五个方面的困惑

调研过程中，不少基层干部群众反映，在驻村干部的帮扶下，今年底或明年初本地贫困人口全部脱贫没有问题，但他们在政策预期、成果巩固和可持续发展等方面，还存在一些困惑。

一是驻村帮扶政策未来走向的困惑。现在离 2020 年底只有一年多的时间，全面脱贫后驻村帮扶政策会如何调整，特别是驻村帮扶队伍的去留问题，基层干部群众对此抱有不同程度的担忧。

对贫困村而言，驻村干部走留与否直接关系到脱贫成果的巩固和各项工作的开展；对派出单位而言，需要根据下一步政策要求及早作出人员和工作的统筹调配。许多地方下一批第一书记和驻村工作队的驻村时间还会跨到 2020 年后，具体政策如何变化，产生的影响也是多方面的。

二是村"两委"班子能力建设的困惑。某县通过这几年的调整，村"两委"班子结构得到优化，全县村党支部书记平均年龄从 55.8 岁降低到 52.4 岁，高中以上文化程度达到 77.8%，比上届提高了 11.76%。但部分村干部的年龄仍然偏大、文化素质不高，一些工作十分依赖驻村干部，导致有的驻村干部出现"保姆式"帮扶。如果驻村干部一下子从这些村庄撤出，村"两委"班子是否已经具备带动村民自我发展的能力，还存在很大的不确定性，有些工作可能会因此停滞。

三是扶贫产业延续发展的困惑。贫困地区的许多扶贫产业项目是驻村干部引进来的，由于本村缺乏懂经营的人才，他们往往冲在生产管理和市场营销一线。某县贫困户 80% 以上的收入来自扶贫产业，很多产业都是贫困村脱贫和可持续发展的重要支撑。如果驻村干部撤出，当地村民一旦经营不善，不少产业很容易倒闭，导致返贫不说，还可能形成村集体债务。本地村民能否尽快熟悉、接手、独立运营这些项目，直接影响到扶贫产业能否延续发展。

四是驻村干部个人发展的困惑。按照中央有关文件要求，驻村工作队每期不少于 2 年，第一书记任期一般为 1 至 3 年。但在执行中，不少驻村干部的实际驻村时间为 3 年或更长。在调研中，我们访谈的一位第一书记已经驻村 4 年，而且还可能再延长 1 年。许多驻村干部最担心的问题是，由于长期不在原单位，既少了原单位的工作业绩，人际关系也日渐疏远，有可能影响个人在原单位的发展。

五是驻村干部兼顾工作和家庭的困惑。调研中，一些驻村干部表示，脱贫攻坚这一场硬仗历经几年，个人有成就感，也很受锻炼，但家庭生活面临不小的困难。有的干部夫妻双方都在驻村，且相隔甚远，家里孩子又小，只能交给父母来带或自己带着驻村，座谈时一位驻村的女干部为对不住老人和孩子而落泪；有的将80多岁的老父亲带到所驻村里照看。许多驻村干部由于返回原单位没有明确的时间表，对家庭生活的安排深感担忧。

三、进一步做好驻村帮扶工作的几点建议

当前，全国正处于脱贫攻坚和乡村振兴战略实施的交汇期，这对驻村帮扶工作提出了新的要求。建议及时明确政策方向、稳定预期，为驻村干部注入新的动力，提升帮扶的针对性和实际效果。

一是按照"减少一批、保留一批、拓展一批"的原则适时调整驻村工作队伍。驻村干部既是中央政策的落点，也是精准扶贫的支点。脱贫攻坚期内，现有的驻村干部人数不能减少，帮扶力度不能削弱。脱贫攻坚期结束后，建议根据不同村情适当调整驻村帮扶力量，完善驻村帮扶长效机制。在村"两委"班子素质高、能力强、作风硬，产业发展较成熟的村逐步减少驻村干部数量，条件具备的可以退出；在脱贫后返贫风险大，产业发展基础较脆弱的村保持驻村队伍基本稳定；对软弱涣散村和集体经济空壳村继续派出第一书记，并向乡村振兴任务重的村拓展。

二是因村视情加强驻村帮扶力量的投入重点。当前脱贫攻坚进入最后阶段，驻村干部必须全力以赴。对村"两委"班子仍然

薄弱的，要把更多力量放在抓基层党建上，助力选好配强班子成员，尽快把基层党组织建成坚强有力的战斗堡垒。对脱贫攻坚任务较重的，加大产业扶持力度，努力培养农村致富带头人，真正增强贫困村的自身"造血"能力。对条件较好的，积极稳妥做好脱贫攻坚战与乡村振兴战略的有机衔接，把两项工作融合推进；同时还要逐步把已经引进的项目"交出去"，更多地让村里人去接手经营。

三是积极引凤回乡培养乡村治理的稳定力量。无论是打赢脱贫攻坚战还是促进乡村振兴和县域经济发展，必须筑牢本土人才支撑。建议以亲情乡情为桥梁、政策激励为导向，不断完善有利于乡村本土人才返乡就业创业的长效机制。针对村"两委"年龄大、学历低且村里年轻人少的情况，要进一步拓宽"两委"班子来源，持续从返乡创业大学生、农民工、退役军人等群体中选拔村干部。进一步畅通从村干部中选拔县乡机关公务员的通道，加大从优秀村党组织书记中选拔乡镇领导干部的力度，从机制上增强村"两委"工作吸引力，促进乡村本土人才回流，充实和稳定基层干部队伍。

四是进一步完善驻村干部选拔机制。为了确保驻村帮扶取得实效、得到群众拥护，要努力把想干事、能干事的优秀年轻干部和后备干部选派下来，防止镀金思想和短期行为，杜绝用"抓差"或"摊派"的方法选派干部，对出现"走读式""挂名式"帮扶问题的干部要严肃问责。适时根据驻村干部日常表现、群众评价和年度考核结果，对综合评价靠后及不适应工作任务的驻村帮扶人员进行调整，保证驻村帮扶工作的质量。

五是加强对驻村干部的培养和关爱。坚持在脱贫攻坚和乡村振兴一线考察识别干部，将其作为考核、使用干部的重要指标。对完成任务好、各方面表现优秀的，长期沉在基层、贴近群众、务实重干的驻村干部，要按照有关规定予以优先使用。对驻村干部派驻年限，建议以 2 年为周期，以便各相关方面稳定预期、合理安排工作。积极帮助解决驻村干部个人生活中遇到的困难和问题，在精神上给予更多的关心关怀，营造让驻村干部心无旁骛干事业的浓厚氛围。

脱贫攻坚收官应注意的几个方面

郭玮

2020 年，我国现行标准下农村贫困人口将全面脱贫。从各地的情况看，实现这一目标是完全能够做到的，但如何在决战决胜的收官战中，全面提高脱贫质量，使脱贫成果持续稳定，并为贫困地区下一步健康发展打下坚实基础，有几个方面值得特别重视。

（一）产业脱贫要从注重上项目转到更加注重提升产业效益上来。脱贫攻坚以来，大批产业扶贫项目落地，为贫困地区脱贫打下了坚实基础。但不少地方也出现产业扶贫追求短平快、急功近利的倾向，有的项目盲目跟风、一哄而上、同质化严重。有的地方过于追求规模效应，摊子铺得很大，初期看起来轰轰烈烈，但最终效果还有待实践检验。随着脱贫时间点的临近，大批扶贫产业项目开始或者即将产生效益，一些产品可能面临不被市场接受、过剩滞销的风险。脱贫攻坚收官阶段，在继续发展新的特色优势项目的同时，要把精力更多放到已有产业项目的提升上来，不能一边宣布脱贫、一边大批扶贫产业衰败。要对已经实施的扶贫产业项目进行全面检视，着力解决好存在的问题，深入研究市场需求，搞好市场对接。要重视销售渠道的建立，重视产地批发市场建设，重视引进电子商务等现代流通模式。对确实不适应市场需求的，该调整的要进行调整。要推进产业链条的延伸，通过发展加工、储存等，扩大市场需求，促进产品增值，提高产业综合竞争力。

（二）帮扶手段要从注重政策支持转到更加重视利用市场机制上来。目前脱贫攻坚政策支持力度前所未有，今后对贫困地区的政策支持还会继续。但我国社会主义初级阶段的特征，决定了对一个地区的政策性支持不可能无限加大。贫困地区经济社会长远发展，贫困群众的产业和就业，最终主要还要靠市场，要在市场发展中汲取力量。脱贫攻坚收官阶段，各种帮扶措施要更加注重发挥市场力量、市场机制的作用，要重视改变简单给钱给物的帮扶方式，把重点转移到产业扶持、市场对接上来，增强贫困地区造血能力。一要大力培育和引入龙头企业。努力建立龙头企业与农民合理的利益联结模式和利益分配机制。通过合理的机制安排，使农民不仅成为现代农业的生产经营参与者，也成为整个农业全产业链和价值链增值收益的分享者；使企业不仅成为帮扶者，也成为产业发展的受益者。二要加强政府对扶贫产业的服务。有针对性地完善农业技术服务体系、动物疫病防治体系。支持各类生产服务组织、流通组织的发展。大力发展农民专业合作组织。通过龙头企业带农户、合作社带农户、服务组织带农户、大户带小户等多种方式，把贫困群众的生产经营融入现代化经济体系。三要下大力气优化贫困地区营商环境。贫困地区经济基础薄弱，改变面貌必须营造更加有利的市场环境。东西部扶贫协作、企业帮扶等也要更多坚持市场导向，努力促进协作双方的共赢。东部地区及企业帮扶要认真研究贫困地区的资源特点，寻找优势互补的切入点，把帮扶更多地变成协作、合作，通过帮扶突破资源瓶颈制约，扩大市场空间和服务半径，推动产业梯度转移和贫困地区产业结构升级，实现脱贫帮扶与自身发展的共赢。

（三）脱贫动力要从注重外在驱动转到更多依靠内生动力上来。精准脱贫是一场外部驱动强劲的攻坚战。攻坚过程中，贫困群众脱贫意识、自我发展能力总体在不断提高。但部分地区、部分贫困人口中"要我脱贫"还没有完全转变为"我要脱贫"，"干部干、群众看"现象仍然存在。脱贫攻坚收官阶段，必须高度重视激发贫困地区和贫困人口的内生动力。这是真正摆脱贫困、走上自我发展良性循环的重要条件，否则，脱贫后帮扶措施减弱，很可能出现返贫。要坚持项目帮扶与精神帮扶同时抓。一要激发群众对美好生活追求，增强脱贫致富信心。发挥脱贫致富典型的带动作用，以身边故事带动身边人，打破"安贫乐道"。二要优化帮扶政策举措，形成奖勤罚懒的机制。大力弘扬自力更生、艰苦奋斗的精神，能让群众干的扶贫项目，尽量让群众自己干，引导群众投工投劳建设自己的家园，避免脱贫攻坚对贫困乡村自身发展的"挤出效应"，防止助长"等靠要"现象。营造"汗水不会白流、辛劳不会白费、付出会有回报"的氛围，避免出现"干多干少一个样、干与不干一个样"甚至多干不如少干的负向激励。近两年一些地方改变单纯发钱发物做法，将资金支持、救助补贴等与贫困户发展生产、参与公益服务甚至是改善农户家庭环境卫生等结合起来，农户自己行动起来才能得到相应救助，有力调动了群众积极性，这些做法值得推广。三要加强创业就业技能培训，加强能力培养。要加大农业种植养殖技术培训力度，加强贫困人口就业技能培训。扩大高职院校招生规模，要把贫困地区劳动力充分考虑进去，在招生方式、职业培训方式和方向选择上，采取有针对性的灵活办法，切实给贫困劳动力提供更多机会。

（四）脱贫政策要从临时性、超常规特殊支持转到稳定制度保障上来。 为打赢脱贫攻坚战，仅中央和国务院有关部门就制定了 200 多项政策文件或实施方案，对脱贫攻坚形成有力支撑。脱贫攻坚收官阶段，要全面梳理总结脱贫攻坚各项政策举措执行效果，研究推动部分临时性、超常规政策举措转化为常态化的制度保障。

帮扶政策必须保持一定的稳定性。 一些刚脱贫的建档立卡户和位于贫困线附近的"边缘户"，需要有一定的政策支持，才能防止返贫或陷入贫困。产业扶贫、易地扶贫搬迁后续发展、基础设施、公共服务、社会治理等方面的政策也需要长期实施才能见效。

过头政策、缺乏持续性的政策要逐步退出。 保持帮扶政策稳定，并不是所有政策都不变。近几年一些地方也有些政策超出了贫困地区财政承受能力、缺乏可持续性，有的还在贫困户与非贫困户之间造成矛盾，比如有的地方贫困户看病 100% 报销，有的所有贫困户都搬迁、住新房不花一分钱等。要从社会主义初级阶段的实际出发，从贫困地区发展水平出发，认真检视帮扶政策，使政策既能调动贫困群众积极性，为他们稳定脱贫提供强有力支持，又兼顾政策的公平性，使有限的政策资源能够惠及最需要帮助的群众并扩大受益面、取得最大政策效益。

兜底政策要加强衔接。 脱贫攻坚收官阶段，大部分通过产业或就业帮扶就能实现脱贫的贫困群体都已经脱贫，剩下的很多都

是没有劳动能力的老、弱、病、残等特殊贫困群体。针对这部分贫困群众，要积极推进脱贫攻坚与农村低保等保障制度的有效衔接，加强统一认定识别、统一动态管理、统一精准帮扶，重点解决突出问题，切实做到"应扶尽扶""应保尽保"。

具有普遍意义的政策要在面上推开。脱贫攻坚过程的很多政策，具有普适性，经过这几年在贫困地区的实践，很多政策日益完善，要逐步扩大实施范围。比如在农村饮水安全、农村危房改造、农村移民搬迁、农村基础设施建设、农村公益事业发展、农村困难群体的保障等方面，攻坚中都探索出很多新的路子，找到很多好的机制和办法。对这些政策要进行认真研究，将有效、管用、适合当前发展实际的做法，推广到更多地区，推广到实施乡村振兴战略中去。

（五）贫困地区各类建设要从增加设施转到增加设施和完善运营机制并重上来。近几年贫困地区水电路通信等基础设施和公共服务建设发生了显著变化，贫困村在农田灌溉、居民饮水、村内道路、垃圾污水处理、养老、文化体育等生产生活诸多方面，也建成大量的设施，形成大量资产。但必须看到，当前一些贫困地区在基础设施和公共服务方面，重建设轻管护，导致设施运行效果不理想，特别是运营管理机制不健全，如何保证现有设施的维护、正常运营、持续发挥效益，还有很多工作要做。脱贫攻坚收官阶段，必须高度重视加强贫困地区基础设施和公共服务运营管理机制的建设，坚决避免脱贫以后，工作队撤走，大量的设施闲置浪费。

没有完善的运营管理机制，再完备的基础设施建设也难以持续发挥作用。一要解决好不愿管问题。明确责任，政府应该提供的公共服务政府要管起来，属于农民自己的事情要让农民自己负起责任来，努力做到自己的事情自己办、自己管。要建立激励和约束机制，鼓励基层担负起职责。同时县级党委政府要负起监督责任。二要解决好不会管的问题。尽快建立规范化的制度，完善各类设施管护运营标准，加强示范，各相关部门要加强指导。要减少全包式的建设和全免费服务，把农民的利益与建设、管护、运行结合起来，在更多项目上，让农民参与进来，发挥主体作用。积极引进专业化、市场化的管理方式，加强统一管理和管护资金支持，提高管护水平。三要解决好没钱管的问题。完善地方财政预算，强化农村基础设施和公共服务资金保障。鼓励农民在改善生产生活设施中投资投劳，加大以奖代补、以工代赈力度，调动农民积极性。有条件的地方还可以探索建立费用分担机制，根据"谁受益，谁负担"的原则，集体承担管护费。有收益的项目要积极引进市场化主体参与建设管护和运营。

（六）扶贫工作的组织领导要从倚重扶贫工作队转向重视打造"不走的工作队"。脱贫攻坚战打响以来，全国各级党政机关及企业派出大批干部到基层帮扶。目前，全国县以上机关单位派到贫困村的第一书记20多万人，驻村扶贫工作队有70多万人，这些外来干部成为脱贫攻坚的中坚力量。脱贫攻坚收官阶段，必须继续发挥好第一书记和驻村工作队的作用，并引导帮扶干部把工作重点放在基层队伍建设上来，推进所在贫困村强化基层基础，为贫困村在脱贫后留下一支"不走的工作队"。大力塑造好的发展环境，充分吸引本土人才回归，"老中青"相结合优化村"两委"班子结构。鼓励外出农民工、退伍军人等担当更多职责，发挥更大作用，积极吸纳他们进入村"两委"班子。壮大贫困村党员队伍，把政治素质过硬、能力素质强、乐于扎根农村的中青年吸收到党的队伍中来，从源头上改善村"两委"班子年龄结构老化现象，为党在农村的工作提供充足的新鲜血液。要通过奖补、产业绩效、入股分红等进一步提高村干部待遇，形成有效的正向激励机制。

（七）做好脱贫攻坚与乡村振兴的衔接。要做好规划统筹，把脱贫攻坚规划待完成的任务、工程、项目等纳入乡村振兴规划，继续予以资金支持，同时要研究如何巩固好脱贫成果，对脱贫攻坚期间建设的产业扶贫、基础设施、公共服务等项目，应安排后续支持，使其长久发挥作用。要做好政策统筹，继续把摘帽县作为乡村振兴的重点来抓，把延续的倾斜支持政策尽早明确下来，给贫困县吃"定心丸"。要做好工作统筹，对攻坚期内实施的易地扶贫搬迁、产业扶贫、劳务扶贫等重点举措，应安排好后续工作。要做好群体统筹，对"边缘户"、相对落后的非贫困村加大帮扶力度。

更好服务脱贫攻坚和乡村振兴
亟须进一步优化涉农金融供给

牛发亮

近年来，金融系统不断创新和完善涉农政策，在助力脱贫攻坚和乡村振兴中发挥了重要作用。但由于农村金融业务风险大、成本高，涉农金融依然存在诸多问题，尤其是随着农业农村经济结构快速调整，农村金融需求日益旺盛，涉农金融供给短板更加凸显。根据对中部某市有关农产品加工企业、新型农业经营主体、农户和金融机构的调研，我们认为，要在落实好各项金融支农惠农政策的同时，着力创新符合农业农村发展特点、适应农民需要的金融产品和服务，更好服务脱贫攻坚和乡村振兴。

（一）**农村信贷规模持续增加，但"两高一多"问题仍然普遍存在**。从中部某市情况看，截至 2019 年 8 月末，全市农村贷款余额 1035 亿元，2011 年同期为 349.7 亿元，年均增长 14.5%，高于全市同期贷款余额增幅 0.2 个百分点。但几位种植大户反映，农村贷款仍面临不少问题。一是贷款门槛高。银行将抵押担保作为发放贷款的首要条件，而农村承包地、宅基地抵押法律上尚不明确。有的甚至要求公职人员担保或提供城镇住房抵押才能贷款，直接把普通农户排除在外。二是贷款价格高。2019 年前 8 个月，中部某市新增农户贷款一年期加权平均利率达到 8.3%，比大中型企业高 0.7 个百分点，还要承担 4% 的评估费和金额不等的抵押登记费，最弱势的群体承担了最贵的资金。三是贷款手续多。农业生产具有很强的季节性，但申请贷款一般需要两级调查、三级审查审批，繁杂的贷款流程与农业生产现实需求不匹配。某大型养鸡户谈到，他向银行申请 10 万元贷款，首先要到村里开养鸡证明，再到乡里、县里盖章后，银行才进行调查、评估、审批，前后长达 2 个多月。

（二）涉农金融组织体系逐步健全，但不少机构"离村进城"经营趋势明显。 经过多轮改革，目前各地基本确立了政策性金融、商业性金融、合作金融和其他金融功能互补的涉农金融组织体系。但由于农村金融业务成本高、风险大、回报低，"以利润论英雄"的业绩导向使涉农金融机构纷纷进城经营，稀缺的农村资金却"反哺"城市发展。2018 年，中部某市五个县区通过金融机构净流出资金达 55.3 亿元。比如，农信社改制为农商行后，明确把高利润、低风险作为目标，不仅提高了贷款门槛，还上收了乡镇机构贷款审批权，信贷更多转向同业和房地产等领域。截至 2019 年 8 月末，该市农商行同业证券和债券等投资类产品占资产总额的比重达 32.8%。又比如，该市现有 5 家村镇银行，但它们都把机构设在县城，服务重点也针对县城规模较大企业，有的还搞跨区域贷款、同业存款、债券投资等。2019 年前 8 个月，5 家村镇银行新增贷款 5 亿元，近一半投向了县城大企业。截至 2019 年 8 月底，5 家村镇银行同业和债券投资规模达 17.9 亿元，占资产总额的比重高达 19.7%。

（三）金融支农力度不断加大，但金融供给水平依然较低。近年来，国家不断加大对农业农村发展的金融扶持，银行业金融服务加快向乡镇、行政村延伸，农村金融可得性、便利性大幅提升。目前，中部某市银行业金融机构乡镇覆盖率达到 100%、行政村基础金融服务覆盖率超过 95%。但金融供给仍存在一些短板。一是信贷供需矛盾突出。农产品加工、土地流转、大型农机购买等贷款需求大额化、长期化特征明显，目前该市单笔贷款在 5 万元以上的达到 43%，金融供给明显不足。根据市有关部门反映，有贷款需求的专业合作社、家庭农场、种养大户等获得信贷支持的比例不足 40%。二是金融产品单一。当前，农民期望有投资收益相对高些的理财产品，种养大户等对保险、期货的关注度也逐步提高。比如，某规模较大专业合作社提出希望得到农产品期货方面的服务，减少农产品价格波动带来的风险。三是薄弱环节融资困难。农村人居环境整治、污水垃圾处理设施建设等资金需求旺盛，但因缺乏有效投融资模式，这些领域融资基本处于空白。

（四）规模较大主体贷款保障较好，但小微主体和农户贷款难度增加。近年来，金融机构根据农村需求变化，创新推出"公司＋农户＋信贷""农民专业合作社＋社员＋信贷""担保基金＋信贷"等涉农信贷产品。但与城市信贷一样，农村信贷投放存在嫌贫爱富、嫌小爱大的现象，在大力发展普惠金融的背景下，近年来小微主体和农户贷款难度反而加大。据中部某市人行调查，全市产值超过千万的农业龙头企业贷款获批率高达 90% 以上，而小微主体不足 40%。从普通农户看，截至 2019 年 8 月，全市农信社贷款农户从 2012 年的 4.1 万户降至 2.2 万户，下降幅度达46.3%。有农户谈到，虽然现在农民还款能力增强，但从农村金融机构申请大额消费贷等仍比较困难。比如，农村外出务工青年购置汽车、在县城买房成为新的刚需，总花费一般在 30 万元以上，这种资金需求前几年到信用社托关系找找人还能贷到，现在根本贷不出来。

（五）贫困地区金融需求得到较好保障，但一定程度上造成非贫困地区的不平衡。为保障打赢精准脱贫攻坚战，近几年金融机构出台一系列扶贫政策，取得了明显成效。比如，在贫困村单独建立金融综合服务站，为农户提供存取款、贷款、金融政策宣传等便利；实行"信用 + 信贷"方式，由地方财政担保、贴息，为贫困户和带贫企业提供信用贷款等，帮助不少贫困户实现了快速脱贫。截至 2019 年 6 月末，中部某市累计发放小额扶贫贷款 9.9 亿元，贫困户获贷率达到 71.4%，覆盖贫困户 2.1 万户。这种特惠式金融服务在把有限资源集中投向贫困村和贫困户的同时，造成非贫困村、非贫困户和其他企业的攀比心理。他们不仅要求享受服务便利，在贷款手续、利率、条件、政策扶持等方面，也要求与贫困户和带贫企业享受同样特惠，这成为当前涉农金融亟须解决的一个问题。

（六）涉农金融机构不断强化风险管理，但不良贷款率依然居高不下。信贷风险大、不良贷款多是涉农金融机构面临的共性难题。目前，中部某市农信社系统不良贷款率高达 28%，农发行达到 23%，成为它们进一步增加涉农贷款投放的"拦路虎"。比如，市农信社自成立以来，有一半时间都在处理不良贷款，耗费了巨大精力。基层同志谈到，导致不良率高的原因除了农村经济环境欠佳外，根源还在于过去涉农金融机构治理体系不健全，股份制机构股东权力缺失，忽视金融运行基本规律，同时乡村企业破产程序不规范，这就导致有的贷款被银行内部人控制，有的信贷人员与客户勾结骗贷，还有的企业和农户恶意逃债赖账，使有限的金融资源成为各方争夺的"唐僧肉"。另外，基层银行同志反映，农村金融机构普遍缺乏新的资本金来源，新增贷款增长较慢，处理不良贷款能力有限。

（七）金融支农改革试点稳妥推进，但尚未形成示范带动效应。近年来，涉农金融机构围绕降门槛、降成本、防风险，积极改革支农方式。中部某市现有2个农村金融服务创新试点。其中一个由于缺少农地经营权交易平台，金融机构对农地经营权抵押态度谨慎，导致试点工作总体进展较慢。截至2019年7月末，试点工作已开展近两年时间，但仅为266户农户、20家企业办理了346笔、2.8亿元贷款。另一个试点搭建了数字金融平台普惠通APP、信用信息体系、县乡村三级金融服务体系、风险防控体系等，针对有还款能力、信用较高的农户推出"循环贷"，一次授信、循环使用，简化了贷款手续，降低了续贷成本，但由于风险防控机制不健全，目前仍在不断优化完善过程中，受益农户和农村企业范围规模都比较小。

（八）政策性保险发挥积极保障作用，但涉农保险业务总体覆盖率低且保障有限。农村种养殖业受市场波动、自然灾害、疫情等影响大，发展农业保险能够有效降低经营风险。但由于保险运行机制不成熟、政府保费补贴较少、缺乏大灾风险分担机制等原因，保险公司积极性总体不高。目前，中部某市开办的农业保险主要有小麦、玉米、母猪险等政策性保险险种，花卉、香菇等地方特色农业保险仍处于空白。2018年，全市农业保费收入只占总保费收入的2.3%。同时，由于理赔环节较多，小麦、玉米只有在绝收的情况下，农户才可提出理赔申请，保障水平较低。比如，某种植大户谈到，2017年一场始料未及的寒流侵袭，导致每亩果园损失近 2 万元，而保险每亩只赔付 500 元，根本不能覆盖损失。2018 年，全市农业受灾损失约 2 亿元，但 70% 以上没有上农业保险，最终保险补偿只有 535.4 万元，仅占 2.7%。

（九）农村金融需求快速增加，但支撑发展的金融生态环境欠佳。 主要表现在：一是农民金融知识贫乏。在与农户交流中，听到最多的就是，"俺老农民对金融、贷款啥都不懂""不知道贷款咋贷、找谁贷""银行发的传单，看不懂，得找人讲才行""不知道银行的贷款利率可以商谈"，等等，农民金融知识几乎空白。二是专业信贷人员缺乏。由于农村信贷人员收入低、责任大，金融机构从事农村信贷的人手紧缺，真正了解农村、懂农村的人少，尤其是缺乏能深入农村的信贷专员。三是农村信用环境缺失。农户诚信意识普遍不高，缺少可用于评价信用的有效信息，农民有钱不还、赖账现象时有发生。个别信贷人员职业素养不高，想方设法与企业、农户勾结骗贷现象依然存在。

（十）优化涉农金融供给、更好服务脱贫攻坚和乡村振兴的对策建议。 提高涉农金融服务效率和水平，既要加大对农业农村发展的倾斜扶持，落实好现有针对涉农金融机构差别化存款准备金率和金融监管等政策，更要创新思路办法，采取有力举措，解决好涉农金融风险大、成本高等问题。具体建议：

1. 创新符合农业农村需求的金融产品和服务。农村金融需求与城市明显不同，要鼓励金融机构深耕农业农村，开发特色产品，挖掘"蓝海"市场。一是推广各地探索出的贫困户授信经验，推动特惠金融覆盖更多农民。支持建立小农户与骨干企业利益联结机制，将小农户纳入产业体系，发展供应链金融，提高获得融资的能力。二是积极开展整村授信，探索以行政村为单元建立熔断机制，对行政村贷款不良率超过一定水平的，金融机构停止对该行政村发放贷款。三是拓展大数据等新技术在贷款申请和审批、客户管理和维护、风险防范和控制等方面的应用，比如对 50 万元以上的大额贷款，可参照项目资金监管办法，严格监管资金投向。支持开展特色农业互助保险、小额贷款保险等产品，扩大农业保险覆盖范围。

2. 创新符合农业农村特点的信用和评价体系。信用不健全是涉农金融服务的突出制约，仅靠银行调查、审查等不仅成本高，而且效率低。与银行相比，基层干部和村民对乡村企业、新型经营主体、农户等了解更深。建议以县域为单元，积极运用大数据等技术，弱化资产类指标，强化劳动能力、致富愿望、遵纪守法、邻里和睦、不良习气、遵纪守法等权重，建立农村企业、新型经营主体、农户信用档案并定期更新。由乡镇和村组干部、村民代表等人员组成信用等级评定小组，开展信用等级评定并将结果纳入统一的信用信息系统。加大信用评价结果运用，对守信者优先配置金融资源和支持政策，对失信者从严管控。

3. 创新完善涉农放贷激励和约束机制。建议落实差异化监管政策，对涉农金融机构继续实行较低存款准备金率，提高不良贷款容忍度，引导金融机构根据乡村产业资产属性、经营情况、回报周期等特点，采取与城市产业不同的评估办法和方式发放贷款。建立完善"尽职免责、失职问责、渎职追责"机制，激励加大对涉农信贷的支持。对贷款中出现的风险要区别对待，避免"一刀切"式终身责任追究，对信贷人员尽职后形成的不良贷款予以免责，保护他们的积极性；对因失职渎职甚至违法违规骗贷的要依法严惩，严控从业人员道德风险。

4. 进一步强化涉农金融机构支农功能。农商行、村镇银行把大量资金投向债券、同业、房地产等领域，偏离了支农宗旨。建议进一步强化农商行等服务县域、支农支小的市场定位，合理确定目标利润，限制贷款最高利率，促进回归支持农业农村发展本源。加快健全涉农金融机构治理结构，保障县级农商行法人地位和经营自主权，改变贷款权层层审批现象。严格限制地方性金融机构向区外无序扩张，明确债券、同业、房地产等投资上限，对超出上限的给予惩罚。同时，加大贷款贴息、财政奖补、风险补偿等力度，提高涉农金融机构盈利和抗风险能力。

5. 加快优化农村金融生态环境。建议在创新构建农村信用体系的基础上，加强金融知识宣传教育，增强农村各类主体对金融产品、金融风险的认知。建立有效激励制度，鼓励银行加大对农村地区员工的薪酬绩效倾斜，调动更多金融专门人才投身乡村振兴。另外，在明确农房、宅基地等产权的基础上，探索建立农村生产要素交易登记评估制度，在法律上明确农民房屋、宅基地使用权、土地林地承包权等纳入抵押物范围，激活农村要素市场，释放农村金融潜力。

农业农村投资为何
由连年较快增长转为负增长

杨春悦　　刘一宁　　张顺喜

近几年农业农村投资一直保持较快增长势头，是支撑乡村产业乃至国民经济持续健康发展的重要因素，但今年以来却出现大幅下降。1 季度第一产业投资完成额仅增长 3%，2 季度更是月月都转向负增长，上半年累计同比下降 0.6%。而 2011—2018 年，第一产业固定资产投资增速分别达到 25%、32.2%、32.5%、33.9%、31.8%、21.1%、11.8%、12.9%，远高于全国固定资产投资增速。今年上半年不仅与近年来持续高达两位数的增速形成鲜明对比，而且还是自 2011 年以来首次出现低于全国固定资产投资增速的情况。近期我们就此进行了调研，综合面上了解、实地调查和有关方面的问卷调查情况看，当前农业农村投资、乡村产业发展主要面临五大困难：

（一）用地难。对 88 个县的 98 个新型农业经营主体的实名问卷调查显示，他们对当前惠农政策落实情况最不满意的一项就是建设用地支持政策。尽管近年来多个中央文件都明确要求，要为现代农业和农村新产业新业态发展安排建设用地指标，但乡村产业投资规模小、财政贡献低，很难争取到，有的县连续多年都没给乡村产业安排建设用地。由于没有建设用地指标，许多企业不能投资兴建必要的生产经营设施。像一家以马铃薯出口为主的农业公司，为方便购买原料，本打算建马铃薯交易市场，但因建设用地办不下来只能作罢。

前几年很多地方积极发展观光采摘、休闲农业、乡村旅游等新产业新业态，推进农村一二三产业融合发展，成为乡村产业中的重要增长点。去年下半年以来，一些地方对农业相关产业用地的管理骤然收紧，让用地的瓶颈制约更加凸显。有的地方政策把握出现偏差，甚至层层加码搞"一刀切"整治，把农旅结合、一二三产业融合发展的项目也整治了。我们调研的一家农业发展公司反映，由于没有农产品收获后处理设施和生产用具放置用地，目前只能等待观望、不敢投产。

农产品产加销一体化、休闲农业等新产业新业态，涉及农业产业组织方式和经营模式的创新变革，是现代农业发展的方向。这类新产业新业态不仅要搞种养殖、存放农机具、堆放农资，还要开展产后初加工、烘干冷藏、展示展销等业务，对用地需求有新的特点。对各类非法搞农地非农化的行为要坚决整治，特别是对利用农业用地搞各种私家庄园、甚至非法房地产开发等，必须严厉打击。但对农业产业，特别是农村一二三产业融合发展的合理用地需求要予以保障。要探索专门的乡村产业供地保障方式，完善设施农用地管理办法，不能简单与城市工商业竞争建设用地指标。

（二）适应环保"一刀切"难。很多地方政府为避免因环保被问责，不愿甚至不敢让乡村产业发展，在执法上简单搞"一刀切"，对许多产业是"一关了之""一拆了之"。东部有个养殖大市，在划定的禁养区全面禁止生猪养殖，一些养殖场本可以通过设施升级，实现粪污"零排放"，并作为有机肥用于当地农业生产，但仍不得不关闭。好几个奶牛养殖主产区，不考虑养殖废水可以作为肥料还田利用等实际，不在推进养殖废弃物资源化利用上想办法，而是简单采用工业废水排放标准来要求奶牛养殖场的废水处理，让很多养殖场不得不关门。

加大环保力度是必须的，但不能将保护农村生态环境的要求和发展乡村产业对立起来，不能不顾实际情况、不给出路就简单"一刀切"地关停。农村比城市环境容量大，而且乡村产业很多是环境友好型产业，不能简单套用城市环境治理的办法，应实事求是地制定乡村产业的环保标准和治理措施。

（三）贷款难。这是个老问题。中央和有关部门也为此出台多个文件，要求解决农业农村创业创新融资难问题，但当前乡村产业贷款难问题仍然十分突出。中国人民银行发布的金融机构贷款投向统计报告显示，今年 1 季度末，全国农业贷款余额为 4 万亿元，同比仅增长 0.6%，增速比 2018 年 1 季度低 4 个百分点，是 10 年以来同期最低的（2009—2018 年同期，农业贷款余额增速分别为 14%、18.4%、18.1%、9%、12.3%、11.3%、8.5%、4.5%、5.2%、4.6%）；而 1 季度各项贷款余额同比增长了 13.7%，增速比 2018 年 1 季度还高 0.9 个百分点。有关抽样调查结果显示，70% 的农业企业和经营主体存在融资难问题，67% 的农民工认为返乡创业面临的最主要困难是资金缺乏，在返乡入乡创业的资金中来自贷款的比例仅为 11%。贷款难给乡村产业正常生产经营带来不少困扰，我们调研的一家果菜专业合作社反映，前几年苹果市场低迷损失很大，目前行情好转，但由于贷不到款、缺乏资金，无法大规模收购苹果，眼睁睁失去了弥补损失的机会。

解决乡村产业贷款难，关键是要从根本上改变不利于乡村产业的现行贷款评估办法和对金融机构的评价制度，平衡好金融机构的收益和风险，建立适应乡村产业发展特点的新型贷款支持体系。应加快农村商业银行、农村合作银行、农村信用社改革步伐，回归支持农业农村发展本源，贷款必须主要投向促进乡村振兴特别是乡村产业发展。落实差异化监管政策，引导金融机构根据乡村产业资产属性、经营情况、回报周期等特点，采取与城市产业不同的评估办法和方式发放贷款。

（四）获得配套服务难。在乡村发展产业比在城市发展产业要办的事更多，不仅需要做好工商登记、生产筹划、产品营销等基本准备，还需要做好乡村优势特色资源挖掘、农情民意了解、经营方式选择、与农民关系处理等，需要政府给予更多的配套服务。近年来多个中央文件也要求，对到乡村发展产业的创业人员，要积极开展政策咨询、市场信息等公共服务和土地流转、项目选择、科技推广等方面的专业服务，改善返乡创业市场中介服务。但实践中这些要求落实得还不够，许多县乡村缺乏相应机构和措施，不少经营主体享受不到配套服务。我们调研的东部沿海地区一个养虾公司，品牌申请已经完成，但企业自身缺乏打造品牌的能力，想找政府服务却不知道该找哪个部门。调研中，一个贫困县的食品公司反映，发展遇到困难时找乡村干部，乡村干部不仅不帮忙想办法，反而说"干脆不要搞了，出门打工去还不操心"。问卷调查结果也显示，新型农业经营主体对完善惠农政策的建议中，61.2%的建议完善全产业链服务，在各选项中排名第一。

地方政府应拿出服务招商引资的劲头，来为乡村产业发展提供服务。在政策措施上，可以将现有农技推广、农民教育培训等资源向乡村产业发展全链条服务拓展延伸，通过开展政府购买服务，支持各类企业和社会组织提供农业科技、产业咨询、市场营销等专业服务。

（五）**基础设施保障难**。尽管近年来农村水、电、路、网络等基础设施条件明显改善，但与乡村产业发展需要相比，还有不小差距。从供水看，据水利部暗访，全国 35% 的农村供水工程难以正常运行。从供电看，农村生活用电和农业生产用电基本能够保障，但还有不少地区难以满足乡村产业发展用电需要。像中部一个经营微生物发酵的科技公司，需要持续供电，但因为所在的村电压不稳、经常断电，只得再花 400 多万元购买 3 台大功率柴油发电机，大大增加了生产成本。从道路看，全国还有 1/3 左右的行政村村内道路没有硬化。从物流条件看，农村产地批发市场、农产品保鲜、贮运、烘干、冷链物流等设施落后，只有 54.5% 的乡镇有农产品交易市场，有电子商务配送站点的村仅占 1/4 左右。调研中东部地区一个生态农业公司反映，由于缺乏预选、冷藏、预包装等设施，严重影响种植面积和效益。

农村基础设施作为公共产品，加强建设是地方政府义不容辞的责任，在建设方式上可以采取政府和社会资本合作、基础设施建设与产业发展一体推进、结对帮扶等方式，吸引社会资本投入。

实施乡村振兴战略是关系全面建设社会主义现代化国家的全局性、历史性任务，习近平总书记多次强调，产业振兴是乡村振兴的物质基础，要加快推进乡村产业振兴。必须加大改革力度，加快完善相关政策，为农业农村投资、乡村产业发展营造良好环境。

非洲猪瘟对生猪产业发展的影响与对策建议
——防控非洲猪瘟调研报告（上）

刘一宁

去年以来我国发生的非洲猪瘟疫情，波及范围广、影响程度深、社会关注度高。2019 年《政府工作报告》中要求"稳定生猪等畜禽生产，做好非洲猪瘟等疫病防控"。就如何落实这一要求，应对好非洲猪瘟对生猪产业发展和物价的影响，近日我们作了专题调研，现将有关情况报告如下。

非洲猪瘟不仅给养殖企业和个人带来了损失、对市场供给造成了影响，而且对整个生猪产业发展也产生深远影响。面对挑战，我们要力争化危为机，因势利导，积极推进生猪产业结构调整和生产方式转变，提高生猪产业竞争力，推进产业高质量发展。

（一）推动生猪养殖布局更加均衡。近年来，受包括环保在内的多重因素影响，南方水网地区开始大力度去生猪产能。东北地区由于具有良好土地承载能力、寒凉气候条件、丰富饲料资源等优势，成为国内生猪养殖发展的潜力地区，广东、四川、江西等地的大型养殖企业纷纷在东北地区布局养猪场，全国生猪产能格局逐渐出现变化，呈现"南猪北养"的大趋势，生猪主产区和主销区的划分更加明显。

生猪养殖向北方粮食主产区转移有其合理性，但养殖布局不仅要考虑对生态环境的影响，也应考虑疫病防控的需要，考虑市场供给稳定。去年下半年，为控制非洲猪瘟疫情扩散，活猪及其产品跨省调运受限，主产区和主销区猪肉市场分割，出现了产区销不出、销区供不足的情况。调入省生猪价格上涨显著，浙江省生猪价格去年10月曾突破20元/公斤，而河南等调出省生猪价格低迷，有的地方生猪价格跌破成本价，不足10元/公斤。产区销区过度分离，在面对严重疫情时，不仅使产区生产遭受巨大打击，也给销区供给稳定带来很大困难。

因此，在南方水网地区，生猪养殖不应简单一禁了之、"以禁代治"，应合理布局、加强治理、减少污染、提升质量。主销区也应当有一定数量的猪场保障供应，以备不时之需。解决生猪养殖中污染问题，应奖惩并举，推动养殖户在环保上下功夫，对小规模散养户给予一定过渡期，在过渡期内，应积极引导、加强辅导，帮助养殖户实现环保达标，对过渡期结束后仍不达标的养殖场再予以关停。

（二）提升生猪养殖行业集中度。2018年，我国生猪出栏量为6.94亿头，按照每头100公斤、每公斤15元的价格计算，生猪养殖行业的市场规模超过1万亿元。在这样一个万亿级的市场，市场集中度并不高。年出栏500头以下的散户仍提供全行业一半以上的出栏量，年出栏在1000头以下的养殖场出栏量占比为

64%，而美国年出栏在 1000 头以下的养殖场出栏量占比不足 2%。此外，我国大型养殖企业市场份额低，以 2017 年数据为例，9 家 A 股上市公司生猪出栏量合计约 3500 万头，仅占当年全国生猪出栏量的 5%。而美国前 9 大生猪养殖企业出栏量占比达 40%，排名第一的出栏量占比接近 15%。

非洲猪瘟发生后，散户加快退出，应顺势而为，提高生猪产业集中度和产业发展水平。相对于大型养殖企业，散户的技术水平和风险承受能力较低，多数缺乏有效的疫病防控手段。疫情发生后，大量散户或者由于无法承受猪价低于成本的压力，或者由于缺乏应对疫情的有效手段，开始选择退出生猪养殖领域。据了解，目前有部分屠宰场为保证猪肉品质，只收购出栏量在 1000 头以上猪场的生猪。散户退出，为大型企业扩张提供了机遇，一些大企业开始着手扩大生猪养殖和加工投资。大企业的进入，不仅有助于以科技手段改造生产环境和生产流程，实现智能化、绿色化、精细化、可追溯化，还有助于整个生猪行业做大做强。

（三）推进养殖场标准化规范化。一般而言，养殖场标准化规范化水平与养殖规模有一定关系，规模小的养殖场一般不太重视标准化规范化建设和管理。这次非洲猪瘟疫情，小型猪场发生较多，这跟小规模养殖户偏好使用泔水喂猪、缺乏有效疫病防控手段有关。但标准化规范化水平与养殖规模又非完全一致，片面追求养殖规模而忽视标准化规范化建设，可能带来更大的安全隐患和疫情风险。

因此，即使是养殖规模扩大，也决不能放松标准化规范化建设。养殖产业"扶大扶强"，不能简单地扩大规模，更不能简单地扩大单个养殖场的规模。各地应从实际出发，综合考虑本地资源条件、粪污循环利用能力、气候条件，并结合养殖规模大小，打造各具特色、可复制可推广的标准化规范化养殖场，提高生产效率，提升抵御疫病风险的能力。

（四）强化运用生物安全措施。过去，我国生猪养殖防控疫病更多依赖抗生素等药物，有的养殖户为了防止猪生病，频繁大量使用抗生素。滥用抗生素等药物，不仅会让猪长期免疫力下降、使细菌产生耐药性，而且会通过食物链对人类产生危害。有研究发现，同样重量的猪肉比牛肉多使用 5 倍的抗生素，比鸡肉多使用 2 倍。

面对非洲猪瘟病毒，抗生素无能为力，这促使养殖企业全面大力度加强生物安全措施。在外部生物安全措施方面，养殖场更加重视科学选址、圈舍间设置隔离带、实行舍饲且全进全出，加强对新引进的生猪进行隔离、生产工具严格消毒、非养殖场工作人员禁入等；在内部生物安全措施方面，养殖场普遍加强了基础免疫，及时隔离治疗或淘汰生病猪只，更加重视出栏后对圈舍彻底消毒以及保持圈舍通风换气，增强动物抗病能力。实施生物安全措施，在企业作出努力的同时，政府部门也必须加强用地、环保指导、防疫服务等方面工作。

（五）优化屠宰产能布局促进"调猪"转向"调肉"。在"南猪北养"的大背景下，由于东北地区人口持续外流，当地猪肉消费很难大幅增长，导致可供外运量随着产能建成快速增长，东北地区及内蒙古成为京津地区活猪调运的主要来源地，也由此形成"北猪南运"的生猪流通格局。这种大范围、长距离的活猪调运方式，大大增加了疫病防控的难度。选择活猪调运，跟国内消费者偏爱热鲜肉有关，也跟我国屠宰场的布局与养殖场布局不匹配有关。比如，东部沿海某省作为生猪调入大省，每年生猪出栏量约 3500 万头，屠宰能力达 5000 万头；而东北某省生猪出栏量超过 2600

万头，定点屠宰企业总屠宰量不到 1000 万头，满足不了一半的出栏生猪就地屠宰。主产区屠宰产能不足，在活猪跨省调运受限时，屠宰企业压价现象十分突出，损害了养殖户的利益。推进"调猪"转向"调肉"，应重视生猪屠宰场更多向主产区布局，促进就地屠宰。

非洲猪瘟对物价走势的影响与对策建议
——防控非洲猪瘟调研报告（下）

刘一宁

受非洲猪瘟疫情影响，一段时间以来生猪价格出现较大波动。今年 3 月份生猪价格上涨 17%，仔猪价格上涨 28%。从目前情况看，生猪价格上涨还将持续，如不采取有效措施，可能对居民消费价格指数（CPI）形成较大压力，影响人民生活和经济平稳运行。

一、生猪存栏持续减少，供给不足矛盾加剧

农业农村部对 400 个生猪养殖重点县监测数据显示，我国生猪存栏量全面下滑，其中，能繁母猪存栏量下滑尤为严重。截至今年 2 月份，生猪存栏量同比减少 16.6%，能繁母猪存栏量同比减少 19.1%。近 6 个月，能繁母猪存栏量环比分别减少 1.3%、

1.2%、1.3%、2.3%、3.6%、5.0%，下滑有扩大趋势。此外，仔猪存栏量也在下滑，截至去年底，同比减少10.8%。

受疫情影响，大多数中小规模养殖户对补栏仍持观望态度，大型养殖企业和一些敢冒风险的中小养殖户开始积极补栏仔猪，但经过检疫的仔猪数量有限，很多面临"无猪可补"的局面。面对疫情威胁和市场不确定性，补栏母猪生产周期长、风险大，养殖主体普遍积极性不高，短期内能繁母猪存栏量下滑态势难以扭转。一般来说，母猪出生后需育肥4个月成为后备母猪，后备母猪育肥4个月成为能繁母猪，能繁母猪妊娠4个月产下仔猪，接着仔猪育肥6个月方可出栏。因此，成猪存栏量决定短期供给（1—2个月后），仔猪存栏量决定中期供给（6—7个月后），母猪存栏量决定远期供给（10—11个月后）。

考虑到目前能繁母猪存栏量下滑接近两成，10个月后，生猪供给压力将更为凸显。那时正是春节前后的猪肉消费旺季，需求高峰与供给低谷很可能"双碰头"，出现供求严重不平衡。如果不及时采取有效措施，年底和明年年初生猪价格可能急剧上涨，到时还可能出现猪肉"有价无市"的情况，一些地方甚至买不到猪肉，直接影响群众基本生活。

二、有可能推动 CPI 上涨超过 3%

从历史经验看，猪肉价格上涨是抬升CPI的重要因素。按照有关专家的观点，能繁母猪存栏量减少1%的话，10—11个月后，生猪价格会上涨5%，能繁母猪存栏量降幅与10—11个月后生猪价格涨幅是1∶5的对应关系。据此估算，今年底生猪价格将达到23.7元/公斤，而年初生猪均价为13.9元/公斤，这样全年涨幅将达到71%。CPI猪肉分项对生猪价格的弹性为0.6（长期均值），因此预计全年猪肉分项涨幅为43%。按照猪肉分项占CPI权重2.5%计算，这将为今年CPI上涨贡献1.1个百分点。

在上一轮猪周期中，2016年生猪价格达到历史峰值20.8元/公斤。由于非洲猪瘟叠加效应，再加上牛羊肉价格持续在高位运行（2019年2月份牛羊肉价格70元/公斤，已达到2002年监测以来最高价），本轮猪周期的生猪价格很可能会突破历史峰值。一方面，猪肉消费占我国居民肉类消费的60%以上，在CPI中的权重大约为2.5%；另一方面，猪肉与牛羊肉等其他肉类在一定程度上互为替代，猪肉价格上涨，将带动牛羊肉和禽蛋等副食品价格，以及部分食品制成品和餐饮业价格的上涨，从而进一步驱动CPI上涨。考虑到关联效应，并假定其他项目价格变动幅度与2018年保持一致，今年CPI很可能会突破3%（2018年，在生猪价格下跌2.1%的情况下，CPI同比涨幅为2.1%）。

三、几点建议

一是精准制定疫区扑杀补偿标准。按照规定，一旦发现非洲猪瘟，方圆3公里以内范围都要扑杀，并按照1200元/头的标准给予补偿。一头200斤重的成年肉猪，补偿刚好覆盖成本（当前肉猪养殖成本在6元/斤左右）。但是，种猪成本远高于肉猪，每头高达2000—5000元，补偿远不能覆盖成本。对养殖户尤其是散养户来说，与其等待潜在风险发生，不如提前出栏、获利了结。为避免恐慌性集中出栏、调动补栏积极性，建议对被扑杀的生猪制定更为细致的补偿标准，区分生猪大小、种类，给予更加合理的补偿，并及时足额发放到位。特别是要提高能繁母猪和后备母猪补偿标准。

二是禁养不搞一刀切。养猪给地方带来的税收不多，但带来的环保、防疫等压力却不小，一旦出现问题，相关单位和个人都可能面临处分。所以，一些地方对小规模养殖场，能关则关，甚至一禁了之。保护生态环境、拆除不达标养殖场十分有必要，但不能搞一刀切。对小规模养殖户应给予一定过渡期，在过渡期内，积极引导、加强辅导，多渠道支持养殖户改善基础设施装备条件。同时，应科学划定禁养区限养区，不能随意扩大范围。

三是加强扶持政策落实。现在针对生猪养殖的扶持政策不少，但很多养殖户感受不深。应强化"菜篮子"市长负责制，重点解决好规模养殖用地难、贷款难等实际问题，对养殖场土地使用费、环评收费给予优惠。有关部门要继续加大对生猪调出大县的扶持政策，并统筹用好奖励资金。

四是重视完善生物安全措施。面对病毒，抗生素无能为力，但严格的生物安全措施却能有效防止交叉传染。建议有关部门针对养殖企业和散户，做好规范化培训指导，科学选定养殖地点，优化猪场内部设计，加强人、车、物消毒管理，规范作业流程，提升管理水平。

五是鼓励构建生猪全产业链和发展冷链物流。调整优化屠宰加工产能布局，鼓励自繁、自养、自宰、自销，减少中间环节、降低疫情传播风险、保障食品安全。有关部门应制定禁止活猪调运的长远规划，推动实现"运猪"向"运肉"转变，相关部门应从税收、用地、运输等方面，加大对冷链物流产业的支持力度。

六是提前做好储备和进口管理。找准窗口期及时开展中央冻猪肉储备收储，增加地方冻猪肉储备，要把控好收储和投放的时机与节奏，避免加剧生猪市场紧张状况。同时，适度加大猪肉进口，把工作想在前面、做在前面，力争既有利于稳定国内市场，又能在经贸斗争中发挥积极作用。

加大肉鸡养殖支持力度
以增加鸡肉供给缓解猪肉供需矛盾

杨春悦　　刘一宁　　张顺喜

近期我国猪肉供应形势严峻。当前形势下，解决猪肉供应紧张问题，在加快稳定恢复生猪养殖的同时，还应特别重视发展禽类肉蛋、水产品等的生产，通过增加鸡肉等替代品的供给，缓解猪肉短缺带来的不利影响，抑制价格上涨，满足群众消费需求。

一、从生猪生产恢复到增加猪肉市场供给需要一个较长过程

生猪养殖周期长，出台鼓励生产的措施能够调动各方面养殖积极性，但要真正增加生产和猪肉供应，需要一定时间。

正常情况下，商品代仔猪育肥 6 个月即可出栏。通过引入仔猪补栏，成效最快。但是，受非洲猪瘟等影响，能繁母猪和仔猪数量都处历史低谷，生产快速恢复遇到无猪可养的问题。母猪的

妊娠期近 4 个月（114 天），现在开始配种，顺利产下商品代仔猪，再经过 6 个月育肥，到出栏也需 10 个月。也就是说，从现在开始配种，到明年 6 月份以后才能见到猪肉。

与正常情况不同的是，目前还面临能繁母猪严重短缺的问题。成年祖代猪配种怀胎 4 个月才能产下小母猪，小母猪 8 个月后才可以配种、成为能繁母猪。生产出能繁母猪需要 12 个月的时间，能繁母猪产仔育成出栏商品猪需要 10 个月，两者加起来就是 22 个月。

为应对能繁母猪不足，一些地方个别养殖场开始将商品代仔猪中的母猪"见母就留"，作为能繁母猪使用，这可能缩短供给恢复时间，但也会造成生产性能差、种质退化、成本高等问题，即使这样这些猪肉上市也需要一年以上的时间。

总之，面对年底两节期间很可能会出现的猪肉供应严重短缺局面，面对可以预见的一段时间的供给紧缺，在促进生猪产能恢复的同时，必须尽快发展其他替代性肉类，才能减少猪肉供应不足的影响。

二、增加鸡肉供给是缓解猪肉供应短缺的可行之策

鸡肉对猪肉有明显替代作用，并且快速供应能力强、消费者接受程度高，增加肉鸡养殖不管是对缓解当前和今后一段时期猪肉供应不足，还是对促进肉类生产消费的转型升级，都至关重要。

从生产条件看，肉鸡生长周期短、生产方式灵活、投资少门槛低，当前种鸡数量也比较充足，能满足迅速增加养殖的需要。我国肉鸡主要品种是白羽肉鸡和黄羽肉鸡，白羽肉鸡养殖周期为

42 天，黄羽肉鸡为 65—110 天，现在开始加快生产，在时间上完全能够供应明年元旦春节市场。

从产量规模看，鸡肉生产总量较大，能够一定程度弥补猪肉供给不足缺口。鸡肉是我国仅次于猪肉的第二大肉类，2018 年鸡肉产量达 1260.2 万吨，占肉类总产量的 15%。今年上半年，仅在市场预期引导下肉鸡生产就呈现良好势头，鸡肉产量达到 663.7 万吨，同比增加 78.9 万吨，增长 13.5%。如果从现在起采取有力有效的促进措施，全年鸡肉产量增加 200 万吨到 300 万吨，是完全有可能的。

从产品价格看，与牛羊肉等其他猪肉替代品相比，鸡肉价格较低，消费者更容易接受。近年来牛羊肉价格保持在每斤 30 元左右，比猪肉价格高一倍多；而鸡肉价格每斤不足 10 元，始终低于猪肉价格。近期由于猪肉价格上涨，不少消费者已经转而增加了鸡肉消费。特别是对低收入群体，这种替代消费效应尤其明显。

从产品特性看，鸡肉生产效率高能耗少、高蛋白低脂肪，长期看是降低猪肉生产消费比重、优化我国肉类生产消费结构的重要品种。白羽肉鸡料肉比为 1.8，低于生猪的 3.0；生产每公斤鸡肉排放二氧化碳 1.1 公斤，低于猪肉的 3.8 公斤；生产鸡肉折合每亩地能提供蛋白量 42.8 公斤，比生产猪肉的 22.2 公斤高了近一倍。对于我国这样一个人多地少、资源环境紧张的国家，增加鸡肉生产、减少猪肉生产，对保障食物安全、加强生态环境保护都有重要作用。而且增加鸡肉生产消费，减少以猪肉为代表的红肉消费，也有利于增进国民健康，符合国际趋势。我国肉鸡产业发展还有很大潜力。

三、促进肉鸡养殖还需政策支持引导

受猪肉价格上涨带动、库存量偏低等因素影响，近期鸡肉价格出现上涨，引起部分公众和媒体关注。有的网民甚至抱怨："不仅猪肉价格涨得厉害，现在鸡肉也吃不起了，老百姓的日子怎么过呀！"如果出现鸡肉和猪肉价格联动上涨局面，将给物价和群众生活带来更大压力。增加肉鸡养殖，不仅有利于弥补猪肉供应缺口，也有利于稳定鸡肉价格。为此，亟须释放支持增加肉鸡、蛋鸡等养殖的信号，像调整不合理的生猪禁养限养政策一样，尽快调整一些地方存在的不合理禽类、水产禁养限养政策，像支持生猪生产一样，积极支持禽类、水产养殖的发展。

一是解决好环保限养禁养问题。据行业主管部门有关工作人员和肉鸡产业专家反映，当前制约肉鸡养殖规模扩大的首要因素就是环保限养禁养。这实际上是包括肉鸡、生猪在内的畜牧业发展面临的共性问题。不少地方随意扩大限养禁养区，一些肉鸡养殖场只能被迫关停，东部一个省的国家级家禽品种基因库也因此搬迁。应当立即督促地方政府纠正随意扩大禁养区划定的做法，给畜禽养殖留下合理空间。

二是解决好用地问题。一些地方政府由于环保、疫病压力，再加上没有税收，不愿意批复肉鸡养殖等畜禽养殖用地。有的规模化养殖场看到市场行情好，有意愿扩大养殖，但因申请不到养殖用地只能作罢。北方一个省的省级肉鸡品种基因库因为环保原因被强拆后，一年多的时间都没有申请到养殖用地，只能将基因库的种鸡寄养在一个民营企业，地方品种保护存在很大风险。在当前的形势下，应要求各地有力保障肉鸡等畜禽养殖用地需求，支持扩大养殖规模。

三是解决好白羽肉鸡育种问题。目前白羽肉鸡占鸡肉产量的60%，出栏时间又仅为42天，是迅速扩大生产供应的主要肉鸡品种。但这类肉鸡的种源全部依靠进口，存在很大的种源断供、限供风险。应加快推进实施《全国肉鸡遗传改良计划（2014—2025）》，积极支持白羽肉鸡遗传育种研发，摆脱种鸡受制于人的困境。

四是解决好行业发展缺乏引导问题。肉鸡行业因为周期短、门槛低，不管是散养户还是大企业投资变动都比较大，产业大幅波动现象明显。前几年就出现过引进失控造成产能严重过剩、其后生产在低谷徘徊的情况。而有关方面对肉鸡行业的引导明显不足，"十三五"期间生猪、肉牛、肉羊等产业发展都有国家层面规划，肉鸡产业规划却一直缺失。建议加快编制有关规划，出台引导性文件，促进行业健康有序平稳发展，切实防止一哄而起引发后期大起大落。

当前粮食供求形势和后期走势

梁希震　　张伟宾　　张顺喜

　　今年我国粮食生产有望再获丰收，粮食总产量将连续第 5 年保持在 1.3 万亿斤以上。当前，国内粮食市场总体供大于求。其中，小麦、稻谷呈现阶段性过剩，价格稳中偏弱；玉米收储制度改革以来，2017 年出现产需缺口，2018 年有所扩大，今年受生猪生产下滑影响、饲料用粮需求下降，产需缺口缩小、价格出现下跌，近期由于新粮上市出现阶段性供大于求，但随着生猪生产恢复，产需缺口将所有扩大。综合考虑农业种植结构调整以及未来食用、饲用需求变化等因素，预计小麦、稻谷仍将维持阶段性过剩，玉米短期面临波动，长期将处于紧平衡状态。具体情况如下。

一、粮食供给总体充裕，结构性矛盾突出

　　当前，国内粮食市场供大于求的局面并未发生改变，粮食供应相对充裕。2012 年以来，全国粮食播种面积一直稳定在 17 亿

亩以上，粮食单产水平从 2012 年的每亩 357 公斤提高到 2018 年的 374 公斤。目前，我国口粮自给率达到 100%，谷物自给率超过 95%，人均粮食占有量 480 公斤，比世界平均水平高出 37%，做到了"谷物基本自给、口粮绝对安全"。分品种看，稻谷连续几年产大于需，库存积压、超期存储问题突出。小麦多年产需平衡有余，普通品种的政策性库存较多，专用优质品种供给不足。大豆产需缺口较大，对外依存度超过 80%。问题比较突出的是玉米，玉米库存消化快于预期，年度产需出现缺口。2018 年全国玉米产量 5146.6 亿斤，比 2015 年减少 153.2 亿斤，下降 2.9%。近几年，我国进口玉米基本保持在 60 亿斤左右，仅占国内玉米消费量的 1%。有关方面判断，我国玉米供需关系发生重大变化，预计今年玉米产需缺口将超过 600 亿斤，临储库存尚能弥补这一缺口。明年临储玉米去库存将基本结束，供需形势会进一步趋紧，可能出现阶段性和结构性供应紧张局面。

二、粮食库存总量有所下降，仍处于较高水平

2016 年以来，国家启动政策性粮食去库存以来，逐步拓宽消化渠道，库存下降明显。截至 2019 年 9 月末，全国各类粮食企业库存 10252 亿斤，同比减少 748 亿斤，但仍相当于去年全年粮食总产量的近 8 成。分品种看，小麦 3654 亿斤，稻谷 3543 亿斤，玉米 2594 亿斤。

三、粮食生产总体保持稳定，种粮效益持续走低问题突出

近年来，虽然我国粮食生产总体保持稳定，但由于人工、农

资、土地流转等成本上升较快，种粮比较效益持续走低。2010—2017 年，三大谷物种植平均成本年均增长 7%，出售价格年均仅增长 1%。今年前三季度，稻谷、小麦、大豆集贸市场价格同比分别下降 3%、3%、1%，稻谷、小麦亩均种植净利润已连续 3 年为负，玉米亩均净利润"四连负"，大豆亩均净利润"五连负"。一些地方出现弃耕抛荒，有的种粮大户大幅缩减规模或直接退出粮食生产，稳定今年秋冬种和明年春播粮食面积难度增大。加上，草地贪夜蛾已在我国南方定殖，并且能在小麦中寄生，据专家研判明年暴发的概率极高，可能发生时间更早、区域更广，给粮食生产稳定发展带来严重隐患。

综上可见，当前我国粮食供求总体上仍处于紧平衡状态。今后，随着人口增加、消费结构升级和农产品深加工企业发展，对粮食需求特别是玉米需求将持续增长，保持粮食供求平衡的压力将有增无减。确保"谷物基本自给、口粮绝对安全"，必须始终绷紧稳定粮食生产这根弦，不断完善支农惠农政策，巩固提升粮食综合生产能力，切实保护和调动好农民生产积极性。

中西部地区承接产业转移难在哪里
——产业转移专题调研（上）

包益红　　邓林　　陈黎明

围绕中西部地区承接产业转移存在的问题和对策，我们进行了调研，并与有关部门和专家进行座谈。调研中，大家集中反映了以下几个方面问题。

一、从禀赋条件看，中西部地区区位优势不够突出，产业发展基础相对落后

我国东部地区产业外向型特征比较明显，境外市场占比较高，产业转移首要考虑的是转入地的基础设施、配套能力、运输条件等。就此来看，中西部地区存在两个弱势。

——物流运输成本较高。历次国际产业转移基本上是"沿海—沿海"型转移。我国大部分中西部地区远离出海口，运输距离长、费用高，成为影响东部地区产业迁入的重要因素。

——产业配套能力较弱。这是制造企业向中西部地区转移的突出障碍。经过几十年的发展，东部地区许多产业已在当地形成完善的产业链及配套服务，包括研发、设计、试制、量产、营销等，供应链反应快、成本低。如果个别零散企业向中西部地区转移，还得依靠原生产地进行配套，增加了综合成本。

二、从要素保障看，中西部地区优势逐步减弱，对企业的吸引力下降

用工、用能、土地、资金等保障能力和价格是影响企业投资决策的重要因素。

——人力资源支撑不足。（1）人才供需结构性矛盾突出。比如，中部某省中低端加工制造业和服务业的用人比重维持在60%以上，而占新生劳动力近一半的大学生在专业结构、就业倾向上与此不相匹配。（2）劳动力工资上涨。近三年某省在岗职工平均薪酬分别为4284元/月、4658元/月、5046元/月，用工成本刚性增长趋势明显。（3）养老保险缴费较高。受社保缴费基数逐年升高和社保统筹的影响，企业实际缴纳社保费不降反增。

——水电气价格不够优惠。据调研，用电、用水、用气大户搬迁到中西部地区，能源资源成本优势不大，有的甚至还略有增加。

——土地供需存在矛盾。（1）用地指标紧张。（2）土地变性难。某企业反映，调整土地性质周期较长，一般每年一次，造成项目难以快速落地。（3）用地规划限制。一些中西部地区工业园区还有闲置用地，但规划要求只能引进智能制造等少数产业，拟转入的中低端制造业拿不到地。

——融资服务相对较弱。总体上看，东部地区银行等金融机构机制灵活，放款速度快、贷款金额高；中西部地区融资环境欠佳，业务创新较少，缺乏多样化的融资支持手段。

三、从营商环境看，中西部地区投资环境不如东部地区，影响了企业投资积极性

营商环境是一个地区市场环境、法治环境、政务环境、社会环境等的综合体现。当前，中西部地区营商环境虽有明显改善，但总体上与东部地区仍有较大差距。根据某机构联合发布的《2018中国城市营商环境质量报告》，营商环境质量指数排名前30位的城市主要集中在东部地区，占比为50%，西部地区占24%，中部、东北地区各占13%；指数排名提升最快的10个城市中，东部地区占8席。

营商环境就是竞争力。据有关部门调研，东部地区企业在本地已有相对成熟的发展模式，具有稳定的投资回报，轻易不愿迁到中西部地区。

此外，企业还反映了一些跨地区行政审批和监管方面的问题。比如，同一家检测认证机构在东部地区已取得资质，到中西部地区仍需重新申请相关资质，且申请周期长、程序较繁琐，导致检测认证等配套资源难以随同生产企业转入。

四、从协同机制看，产业转移承接工作还缺乏有效对接，恶性竞争时有发生

一方面，跨地区协调机制不畅通。（1）利益共享存在困难。

中西部一些地区和东部地区签署了合作共建产业转移园区的协议，但没有明确的利益共享机制，转出地不太积极，一些合作事项进展缓慢。（2）产业转移信息不对称。一些企业想转到中西部地区，但由于不了解哪些地方接受何种产业转过去、政策怎么样，最终放弃转出计划。

另一方面，转入地协调机制不健全。各部门之间协调机制不健全，统计制度缺位、底数不清楚，信息共享不充分，政策支持比较分散，工作合力不够强。

应该看到，中西部地区承接产业转移既有挑战，也有机遇。与东南亚国家相比，我国中西部地区在劳动力成本、土地成本、税收优惠等方面处于明显劣势，但在基础设施保障、产业基础、生产效率、营商环境、文化沟通方面还存在一定优势。特别是庞大的内需空间，对主要面向国内市场的产业具有很强吸附力。中西部地区承接产业转移有基础、有条件、有潜力，只要政策得当、扬长避短，通过改革创新增强综合竞争优势，一定会大有作为，打开我国产业发展新空间。

支持促进中西部地区承接产业转移的若干建议

——产业转移专题调研（下）

包益红　　陈黎明　　邓林

支持促进中西部地区承接产业转移，是立足现实国情、发挥综合优势，既利当前、又惠长远的重要举措，对于促进区域协调联动发展、维护产业链安全、稳定和扩大就业都具有十分重要的意义。应全面研判形势，坚持问题导向，进一步完善政策举措，提升中西部地区承接产业转移的竞争力，让更多企业留下来、发展好。

支持促进产业向中西部地区转移，既要基于市场机制，也要发挥政府作用。总体看，部分企业外转产能是根据比较优势变化、面向全球化竞争的市场行为，也有利于腾笼换鸟、转型升级。但也要防范产业过快过早外转、危害产业链安全；既要给予优惠政策，更要强化改革赋能。为增强企业到中西部地区投资的信心，给予一些政策是必要的。但根本上要依靠深化"放管服"改革，降低综合成本，主要以营商环境而不是政策优惠取胜；既要中央统筹布局，还要依靠地方积极作为。产业转移涉及面广，需从国家层面加强统筹协调，释放明确导向信号。同时调动好转出地、承接地的积极性，创新区域合作模式，有力有序推动产业转移。

具体来讲，建议从七个方面推陈出新、精准施策。

第一，加强对产业转移的宏观引导。（1）建立健全部门协调机制，统筹制定规划和政策，形成部门分工明确、职责清晰、协同推动的工作格局。（2）加强规划引导。国家和地方发布产业转移指导目录，指引哪些产业需要转、往哪转、怎么转，减少盲目性、提高成功率。（3）完善国家产业转移信息服务系统，建立省市县三级企业转移信息库，共享产业转移信息资源。搭建更多产业转移推介平台，提高对接效率。（4）健全跨区域产业转移合作机制。东部、中西部地区加强沟通，定期交换产业转移信息。对东部地区向中西部地区转移产业，制定统计核算、税收共享等具体办法，健全区际补偿机制，实现互利共赢。

第二，充分发挥各类园区的独特作用。自贸试验区、经开区、高新区、综保区等各类园区是承接产业转移的主阵地。应鼓励各类园区大胆试、大胆闯、自主改，强化政策资源配置，释放产业发展活力。（1）创新"飞地经济"合作机制。鼓励东部和中西部地区通过设立分区、委托代管等方式共建开发区，打造一批"头雁"示范载体。（2）赋予自贸试验区更大自主权。自贸试验区是发展开放型经济的新高地，离不开综保区、口岸等开放平台。中西部自贸试验区加快复制东部自贸试验区相关产业促进支持措施，缩小政策落差。（3）加强示范园区建设。建议依托各类开发区，新设一批承接产业转移示范区并制定含金量高的配套政策。（4）促进海关特殊监管区域承接外向型产业。在中西部海关特殊监管区域试点开展加工贸易及保税监管制度等改革，比如减免加工贸易风险保证金、取消内销货物进口许可证件、以电子围网代替物理围网等。

第三，在降低产业迁移成本上下功夫。采取一揽子措施，有效减轻转入企业的"起飞承重"。（1）降低用工成本。据问卷调查，东部地区有转移意愿的企业中，62%为劳动密集型企业。建议对转到中西部地区的劳动密集型企业，尽量减免各类行政事业性收费，允许根据就业人员户籍身份实施灵活的社保缴费政策。制定有竞争力的人才税收政策，支持转入企业留住中高端人才。（2）降低水电气成本。中西部地区能源资源丰富、部分价格反而高于沿海地区，说明要素市场供给体制机制存在问题。建议给中西部地区增加供能指标，扩大直售电规模，下调燃煤发电上网电价和工业用电价格，完善天然气价格形成机制，切实降低用能价格。（3）降低物流成本。支持中西部地区加快港口、铁路、公路连接线建设，解决运输"最后一公里"问题。引导中西部地区发展好、运用好中欧班列。

第四，助力地方减轻财政负担。根据承接产业转移战略需要，加大对中西部地区中央财政转移支付力度，用于地方相关基础设施建设、公共服务配套及招商引资投入。完善相关税收退还政策。

第五，进一步加大金融支持力度。结合中西部地区的实际情况，适当放宽金融机构准入政策，增加金融供给。研究采取政府与市场合作的方式，建立中西部地区承接产业转移投资基金，对转移项目提供股权投资等支持，撬动社会资本参与。拓宽地方专项债使用渠道，准许用于有一定收益的产业转移相关基础设施建设（如代建厂房）。

第六，增加产业转移承载空间。（1）在盘活用好现有建设用地的基础上,适当增加中西部地区承接产业转移项目用地指标。（2）中西部地区引入产业中，不少还是消耗能源较大、承载就业较多的产业。一方面要严控能耗，提高承接产业集约化、节能化发展水平；另一方面也要实事求是，核增承接产业转移所需的能源消耗、环境容量等指标。

第七，营造稳定便利的营商环境。（1）对中西部地区营商环境进行综合评价并公布，倒逼地方加大"放管服"改革力度，进一步改进投资环境，降低制度性交易成本。（2）重大涉企政策制定和调整前充分听取企业意见，留出足够的过渡期，行政执法不搞"一刀切"。（3）有关部门抓紧梳理涉及产业转移的生产许可、检测认证、年检年审等审批事项，尽可能简化办事手续，减少各种监管不确定性。